1 Aminosäuren

2 Peptide

3 Proteine

4 Enzyme

5 Coenzyme

Index

Dr. Harald Curth

Biochemie Band 2

MEDI-LEARN Skriptenreihe

6., komplett überarbeitete Auflage

MEDI-LEARN Verlag GbR

Autor: Dr. Harald Curth
Fachlicher Beirat: Tido Bajorat

Teil 2 des Biochemiepaketes, nur im Paket erhältlich
ISBN-13: 978-3-95658-001-7

Herausgeber:
MEDI-LEARN Verlag GbR
Dorfstraße 57, 24107 Ottendorf
Tel. 0431 78025-0, Fax 0431 78025-262
E-Mail redaktion@medi-learn.de
www.medi-learn.de

Verlagsredaktion:
Dr. Marlies Weier, Dipl.-Oek./Medizin (FH) Désirée Weber, Denise Drdacky, Jens Plasger, Sabine Behnsch, Philipp Dahm, Christine Marx, Florian Pyschny, Christian Weier

Layout und Satz:
Fritz Ramcke, Kristina Junghans, Christian Gottschalk

Grafiken:
Dr. Günter Körtner, Irina Kart, Alexander Dospil, Christine Marx

Illustration:
Daniel Lüdeling

Druck:
A.C. Ehlers Medienproduktion GmbH

6. Auflage 2014
© 2014 MEDI-LEARN Verlag GbR, Marburg

Das vorliegende Werk ist in all seinen Teilen urheberrechtlich geschützt. Alle Rechte sind vorbehalten, insbesondere das Recht der Übersetzung, des Vortrags, der Reproduktion, der Vervielfältigung auf fotomechanischen oder anderen Wegen und Speicherung in elektronischen Medien.
Ungeachtet der Sorgfalt, die auf die Erstellung von Texten und Abbildungen verwendet wurde, können weder Verlag noch Autor oder Herausgeber für mögliche Fehler und deren Folgen eine juristische Verantwortung oder irgendeine Haftung übernehmen.

Wichtiger Hinweis für alle Leser
Die Medizin ist als Naturwissenschaft ständigen Veränderungen und Neuerungen unterworfen. Sowohl die Forschung als auch klinische Erfahrungen führen dazu, dass der Wissensstand ständig erweitert wird. Dies gilt insbesondere für medikamentöse Therapie und andere Behandlungen. Alle Dosierungen oder Applikationen in diesem Buch unterliegen diesen Veränderungen.
Obwohl das MEDI-LEARN Team größte Sorgfalt in Bezug auf die Angabe von Dosierungen oder Applikationen hat walten lassen, kann es hierfür keine Gewähr übernehmen. Jeder Leser ist angehalten, durch genaue Lektüre der Beipackzettel oder Rücksprache mit einem Spezialisten zu überprüfen, ob die Dosierung oder die Applikationsdauer oder -menge zutrifft. Jede Dosierung oder Applikation erfolgt auf eigene Gefahr des Benutzers. Sollten Fehler auffallen, bitten wir dringend darum, uns darüber in Kenntnis zu setzen.

Inhalt

1	Aminosäuren	1
1.1	Aufbau	1
1.2	Chemische Eigenschaften	3
1.2.1	Funktionelle Gruppen	3
1.2.2	pK-Werte	5
1.2.3	Isoelektrischer Punkt (I. P.)	6
1.3	Strukturformeln	7
1.3.1	Nichtproteinogene Aminosäuren	7
1.3.2	Proteinogene Aminosäuren	8
1.3.3	Wie soll man sich diese Strukturformeln nur merken?	12
1.4	Pyridoxalphosphat (PALP)	16
1.5	Aminosäure-Stoffwechsel	16
1.5.1	Desaminierung	16
1.5.2	Transaminierung	18
1.5.3	Decarboxylierung/Bildung biogener Amine	19
1.5.4	Abbau des Kohlenstoffgerüsts	19
1.5.5	Entgiftung des Ammoniaks	20
1.6	Stoffwechsel spezieller Aminosäuren	26
1.6.1	Phenylalanin	26
1.6.2	Tyrosin	28
1.6.3	Tryptophan	30
1.6.4	Histidin	31
1.6.5	Glutamat	31
1.6.6	Aspartat	32
1.6.7	Lysin/Prolin	32
1.6.8	Cystein	33
1.6.9	Leucin, Isoleucin und Valin	33

2	Peptide	37
2.1	Peptidbindung	37
2.2	Glutathion	38
2.3	Hormone	39

3	Proteine	40
3.1	Bindungstypen	40
3.1.1	Wasserstoffbrückenbindungen	40
3.1.2	Hydrophobe Bindungen/Wechselwirkungen	41
3.1.3	Van-der-Waals-Kräfte	43
3.1.4	Disulfidbindungen	44
3.1.5	Ionenbeziehungen/Ionenbindungen	44
3.2	Struktur der Proteine	45
3.2.1	Primärstruktur	45
3.2.2	Sekundärstruktur	45
3.2.3	Tertiärstruktur	47
3.2.4	Quartärstruktur	47

4	Enzyme	51
4.1	Reaktionsmodell	51
4.2	Katalysatoren	52
4.3	Aktives Zentrum	52
4.4	Spezifität	52
4.4.1	Gruppenspezifität	53
4.4.2	Substratspezifität	53
4.4.3	Optische Spezifität/Stereospezifität	53
4.4.4	Wirkungsspezifität	53
4.4.5	Zusammenfassung	54
4.5	Isoenzyme	54
4.6	Enzymklassen	55
4.7	Enzymkinetik	55
4.7.1	Abhängigkeit der Reaktionsgeschwindigkeit von der Temperatur	56
4.7.2	Abhängigkeit der Reaktionsgeschwindigkeit vom pH-Wert	56
4.7.3	Ablauf enzymkatalysierter Reaktionen	56
4.7.4	Geschwindigkeit enzymatisch katalysierter Reaktionen	57
4.7.5	Beeinflussung der Enzymaktivität	62

5	Coenzyme	70

Wissen, das in keinem Lehrplan steht:

- Wo beantrage ich eine **Gratis-Mitgliedschaft** für den **MEDI-LEARN Club** – inkl. Lernhilfen und Examensservice?

- Wo bestelle ich kostenlos **Famulatur-Länderinfos** und das **MEDI-LEARN Biochemie-Poster**?

- Wann macht eine **Studienfinanzierung** Sinn? Wo gibt es ein **gebührenfreies Girokonto**?

- Warum brauche ich schon während des Studiums eine **Arzt-Haftpflichtversicherung**?

Lassen Sie sich beraten!

Nähere Informationen und unseren Repräsentanten vor Ort finden Sie im Internet unter www.aerzte-finanz.de

Deutsche Ärzte Finanz

Standesgemäße Finanz- und Wirtschaftsberatung

1 Aminosäuren

Fragen in den letzten 10 Examen: 56

Das Wort Aminosäure ist dir sicher schon mal begegnet und auch, dass Proteine aus Aminosäuren aufgebaut sind, dürfte dir bekannt sein. Aber wofür der Mensch eigentlich Aminosäuren benötigt, verbirgt sich oftmals hinter einem Schleier fundierten Halbwissens. Die Problematik beim Aminosäurestoffwechsel ist nämlich, dass …
- es zahlreiche verschiedene Aminosäuren gibt, die
- teils ineinander überführt werden können und
- unangenehmer Weise auch unterschiedlich abgebaut werden.

Der Stoffwechsel erfolgt also nicht so geradlinig wie der Glucose- oder der Fettsäureabbau. Um dennoch einen roten Faden zu finden, beschäftigt sich dieses Kapitel zunächst mit dem allgemeinen Aufbau von Aminosäuren (denn da gibt es zum Glück große Gemeinsamkeiten), bevor anschließend die Aminosäuren im Einzelnen besprochen werden. Am Ende dieses Kapitels dreht sich dann alles um ihren Abbau. Doch wie kommt unser Körper überhaupt zu seinen Aminosäuren? Der Mensch nimmt Aminosäuren über die Nahrung in Form von Proteinen (z. B. Fleisch) auf. Der durchschnittliche Proteinbedarf eines 70 kg schweren Erwachsenen beträgt rund 30 g pro Tag. Die durch Proteolyse im Magen-Darm-Trakt aus Proteinen freigesetzten Aminosäuren werden mittels aktiven Transports vom Körper aufgenommen und gelangen über die Pfortader in die Leber, die bereits einen Großteil von ihnen zu Plasmaproteinen weiterverarbeitet. Ein anderer Teil wird von der Leber zwischen den Mahlzeiten kontinuierlich wieder an das Blut abgegeben. So ist ein konstanter Plasma-Aminosäure-Spiegel gewährleistet.

Im Körper spielen Aminosäuren eine Rolle bei
- der Energiegewinnung (Einschleusung in den Citratzyklus),
- der Umwandlung in Energiereserven (Fettsäuresynthese),
- der Bildung von Glucose (Gluconeogenese),
- der Translation (Synthese neuer Proteine und Enzyme) und
- dem Aufbau körpereigener Proteine (z. B. Muskeln).

1.1 Aufbau

Um den Stoffwechsel der Aminosäuren verstehen zu können, musst du dich leider auch mit dem etwas trockenen Thema ihrer chemischen Eigenschaften und ihren Strukturformeln auseinandersetzen.
Die chemischen Eigenschaften der Aminosäuren hängen vor allem von ihren funktionellen Gruppen ab. Die beiden wichtigsten sind:
- COOH (Carboxylgruppe),
- NH_2 (Aminogruppe).

Diesen beiden Gruppen verdanken die Aminosäuren auch ihren Namen.
Amino- und Carboxylgruppe hängen beide am gleichen C-Atom, das dadurch ein besonders wichtiges C-Atom ist. Aus diesem Grund fängt man an ihm auch mit der Nummerierung an. Das **C-Atom**, an dem die **Amino- und die Carboxylgruppe** hängen, heißt **α-C-Atom**. Entsprechend werden Aminosäuren auch α-Aminocarbonsäuren genannt. Das folgende C-Atom heißt β-C-Atom usw.
Bis auf Glycin (mit R = H) besitzen **alle Aminosäuren am α-C-Atom** ein **chirales Zentrum**, d. h., dass sie dort vier unterschiedliche Substituenten binden:
1. Carboxylgruppe (COOH)
2. Aminogruppe (NH_2)
3. Wasserstoffatom (H)
4. Rest.

1 Aminosäuren

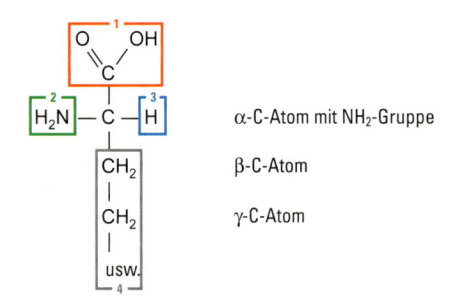

Abb. 1: Allgemeine Strukturformel von Aminosäuren
medi-learn.de/6-bc2-1

α-C-Atom mit NH₂-Gruppe
β-C-Atom
γ-C-Atom

Daher können Aminosäuren in zwei räumlich verschiedenen, zueinander spiegelbildlichen Formen vorliegen, die nicht miteinander zur Deckung gebracht werden können. Je nachdem, ob die NH₂-Gruppe links oder rechts steht, spricht man von L- oder D-Aminosäuren.

Abb. 2: L-Aminosäure, D-Aminosäure
medi-learn.de/6-bc2-2

Die **proteinogenen Aminosäuren** sind **alle α-L-Aminosäuren**, eine Tatsache, die gerne im Physikum gefragt wird. Sie unterscheiden sich voneinander lediglich durch den Rest am α-C-Atom.

> **Beispiel**
> Ein Beispiel aus dem Alltag für eine Spiegelbildasymmetrie sind unsere Hände: Sie sehen zwar (hoffentlich) gleich aus, sind aber dennoch verschieden. Denn eine linke Hand bleibt eben eine linke Hand.

> **Merke!**
> Der Körper produziert nur linke Handschuhe (L-Enzyme) für linke Hände (L-Aminosäuren).

Mit rechten Händen (D-Aminosäuren) kann er nichts anfangen.

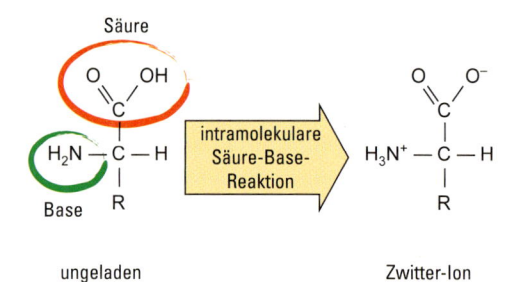

Abb. 3: Unterschiedliche Schreibweisen der Aminosäuren
medi-learn.de/6-bc2-3

Durch Verschiebung eines Protons von der Carboxylgruppe auf die Aminogruppe entsteht aus der ungeladenen Form ein Zwitter-Ion (s. 1.2.3, S. 6). Im Prinzip bedeuten beide Schreibweisen das Gleiche. Du solltest sie beide kennen und dich dadurch nicht verwirren lassen.

Da sich die Aminosäuren lediglich durch den Rest unterscheiden, der am α-C-Atom hängt, wenden wir uns jetzt mal diesem Anteil zu: Der einfachste Rest ist ein Wasserstoffatom und die damit ausgestattete einfachste Aminosäure heißt **Glycin,** die **einzige achirale** Aminosäure.

Abb. 4 a: Ableitung von Glycin aus der Grundstruktur der Aminosäuren *medi-learn.de/6-bc2-4a*

Durch Anhängen eines ein C-Atom langen Kohlenstoffrests anstelle eines Wasserstoffatoms erhält man das Alanin.

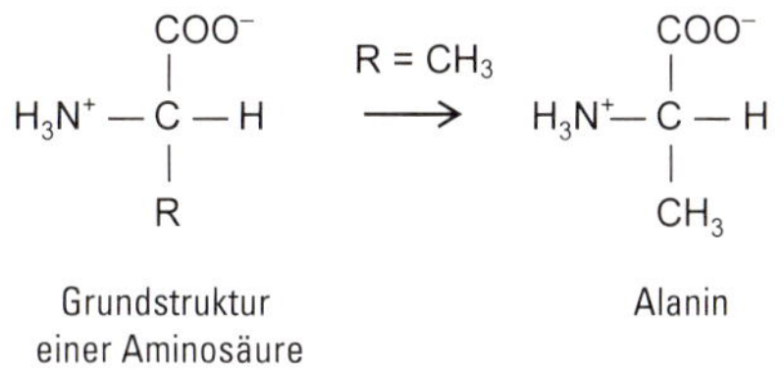

1.2 Chemische Eigenschaften

Abb. 4 b: Ableitung von Alanin aus der Grundstruktur der Aminosäuren   *medi-learn.de/6-bc2-4b*

Aber nicht nur durch Anhängen von unterschiedlichen Kohlenstoffresten gelangt man zu weiteren Aminosäuren. Die Aminosäure Serin enthält z. B. noch eine Hydroxylgruppe und kann vom Körper durch Übertragung einer Hydroxymethylgruppe (CH_3OH) von Tetrahydrofolsäure (aus dem Vitamin B_2-Komplex) auf Glycin ebenfalls synthetisiert werden. Auf ähnliche Weise kann der Körper fast alle Aminosäuren selbst aufbauen.

Die acht Aminosäuren, bei denen das nicht gelingt, heißen **essenzielle Aminosäuren**. Sie müssen mit der Nahrung aufgenommen werden und werden auf S. 10 vorgestellt.

Die 21 Aminosäuren, die man in der Sequenz von Proteinen findet, werden proteinogene Aminosäuren genannt. Sie werden meistens nicht mit ganzem Namen ausgeschrieben, sondern zur einfacheren Handhabung abgekürzt. Häufig sind dies die ersten drei Buchstaben der betreffenden Aminosäure: Glycin: Gly, Cystein: Cys, Glutamat: Glu, Glutamin: Gln, Aspartat: Asp, Asparagin: Asn, usw.

1.2 Chemische Eigenschaften

Da Aminosäuren meist nicht nur aus Amino- und Carboxylgruppen mit einem Kohlenstoffgerüst bestehen, beschäftigt sich dieses Kapitel mit allen funktionellen Gruppen, die in Aminosäuren zu finden sind. Außerdem wird hier besprochen, welche Auswirkungen diese Gruppen auf die Eigenschaften der jeweiligen Aminosäure, wie z. B. ihren isoelektrischen Punkt (s. 1.2.3, S. 6), haben.

1.2.1 Funktionelle Gruppen

Aminosäuren verfügen über unterschiedliche chemische Gruppen, die für ihre Funktion entscheidend sind. Unbedingt kennen solltest du die folgenden funktionellen Gruppen:
- Aminogruppe (NH_2)
- Carboxylgruppe (COOH)
- Thiolgruppe (SH)
- Alkoholgruppe (Hydroxylgruppe = OH)
- Imidazolgruppe (heterozyklischer Ring, der Stickstoff enthält).

Amino- und Carboxylgruppe

Diese beiden Gruppen sind vor allem deshalb wichtig, weil bei der Reaktion der Aminogruppe einer Aminosäure mit der Carboxylgruppe einer anderen Aminosäure die berühmte Peptidbindung entsteht (s. 2.1, S. 37). Diese Bindung ist die Grundlage für die Bildung von Proteinen und Peptiden während der Translation.

Außerdem können Amino- und Carboxylgruppen in Abhängigkeit vom pH-Wert entweder Protonen aufnehmen (basische Eigenschaft von Aminosäuren im sauren pH-Bereich) oder Protonen abgeben (saure Eigenschaft von Aminosäuren im basischen pH-Bereich). Aminosäuren fungieren also auch als biologische Puffer (mehr dazu in Kapitel 1.2.3, S. 6).

Thiolgruppe

Die Thiolgruppe (SH-Gruppe) hat drei wichtige Funktionen:
- Bildung eines Redoxsystems
- Stabilisierung der Proteinkonformation
- Bildung von Thioestern.

Für die Bildung eines **Redoxsystems** spielt die Thiolgruppe (Schwefelgruppe) der Aminosäuren Cystein und Methionin eine wichtige Rolle. Da SH-Gruppen sehr reaktionsfreudig sind, kann aus zwei SH-Gruppen durch Oxidation (Elektronenabgabe) leicht ein Disulfid gebildet werden (R-S–S-R).

1 Aminosäuren

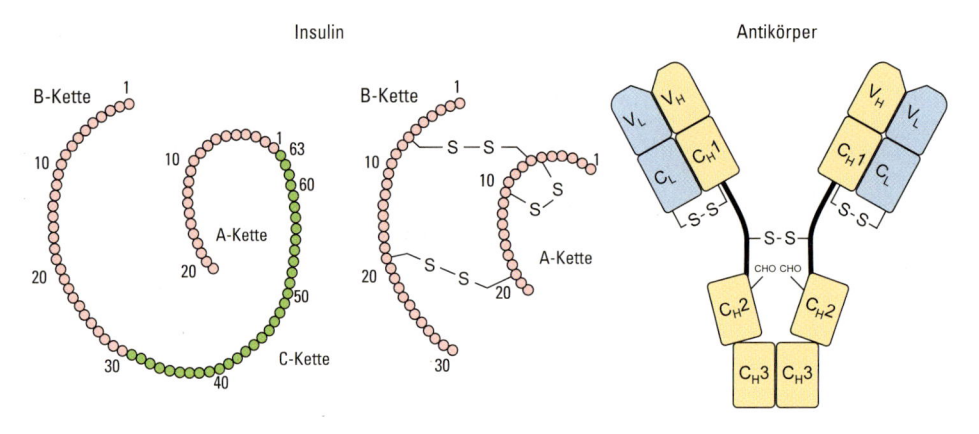

Abb. 5: Disulfidbrücken in Insulin und IgG-Antikörper

medi-learn.de/6-bc2-5

Ein System, das sich dieses hohe Redoxpotenzial zunutze macht, findet man beim Glutathion. Glutathion ist ein Tripeptid, bestehend aus Glu-Cys-Gly, welches am Cystein eine freie Thiolgruppe besitzt. Diese Thiolgruppe kann mit der Thiolgruppe eines anderen Glutathionmoleküls eine Schwefelbrücke (Disulfid) bilden. Die hierbei abgegebenen Elektronen dienen zum Einfangen freier Radikale (s. 2.2, S. 38).

Eine weitere Funktion der Thiolgruppe ist die Ausbildung stabiler Bindungen innerhalb eines Proteins. Die bei der Reaktion zweier SH-Gruppen entstehende **Schwefelbrücke** ist eine kovalente (stabile) Bindung und somit bestens geeignet zur Stabilisierung der Proteinkonformation (Tertiär- und Quartärstruktur), z. B. von **Insulin und Antikörpern**.

Die dritte wichtige Funktion zeigt sich bei der Ausbildung von Thioestern: Die Thioesterbindung (in Abb. 6 eingerahmt) ist eine energiereiche Bindung und kommt z. B. im Acetyl-CoA vor.

Alkoholgruppe

Serin und Threonin sind Aminosäuren, die eine Alkoholgruppe (OH-Gruppe = Hydroxylgruppe) besitzen. Hydroxylgruppen können Wasserstoffbrückenbindungen eingehen und so z. B. die Proteinstruktur stabilisieren (mehr dazu im Kapitel 3.1, S. 40). Des Weiteren erfolgt die Phosphorylierung von Proteinen zur Regulation deren Aktivität häufig an der Hydroxylgruppe (s. Interkonversion, S. 69).

Abb. 7: Wasserstoffbrückenbindung

medi-learn.de/6-bc2-7

Abb. 6: Thioesterbindung

medi-learn.de/6-bc2-6

1.2.2 pK-Werte

Imidazolgruppe

Die Imidazolgruppe, wie sie z. B. in der heterozyklischen Aminosäure Histidin vorkommt, dient als Ligand für Metall-Ionen. So sind im Hämoglobin die vier Eisenatome über Histidinreste an das Protein gebunden.

Abb. 8 a: Imidazolgruppe *medi-learn.de/6-bc2-8a*

1.2.2 pK-Werte

Fragen zu pK-Werten und isoelektronischen Punkt wurden schon lange nicht mehr im Physikum gefragt. Dennoch sind sie zum allgemeinen Verständnis wichtig und sicher bald wieder dran. Unter dem pK-Wert versteht man die Säure-/Baseeigenschaften der unterschiedlichen funktionellen Gruppen. Die saure α-COOH-Gruppe aller Aminosäuren besitzt einen pK-Wert zwischen 1,0 und 3,0. Der pK-Wert der basischen α-NH$_2$-Gruppe liegt je nach Aminosäure zwischen 8,7 und 10,7. Unter Berücksichtigung der pK-Werte der unterschiedlichen funktionellen Gruppen einer Aminosäure lässt sich ihr isoelektrischer Punkt berechnen (s. 1.2.3, S. 6).

Abb. 9 gibt eine Übersicht über die pK-Werte der funktionellen Gruppen einzelner Aminosäuren. Sie muss auf keinen Fall auswendig gelernt werden, sondern dient in Ausnahmefällen zum Nachschlagen, z. B. wenn es im folgenden Kapitel um die Berechnung des isoelektrischen Punktes geht.

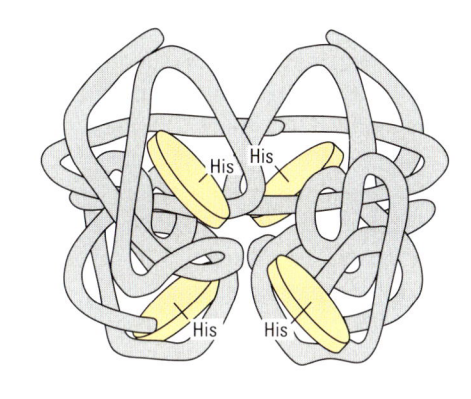

Abb. 8 b: Bindung des Eisens an Histidin *medi-learn.de/6-bc2-8b*

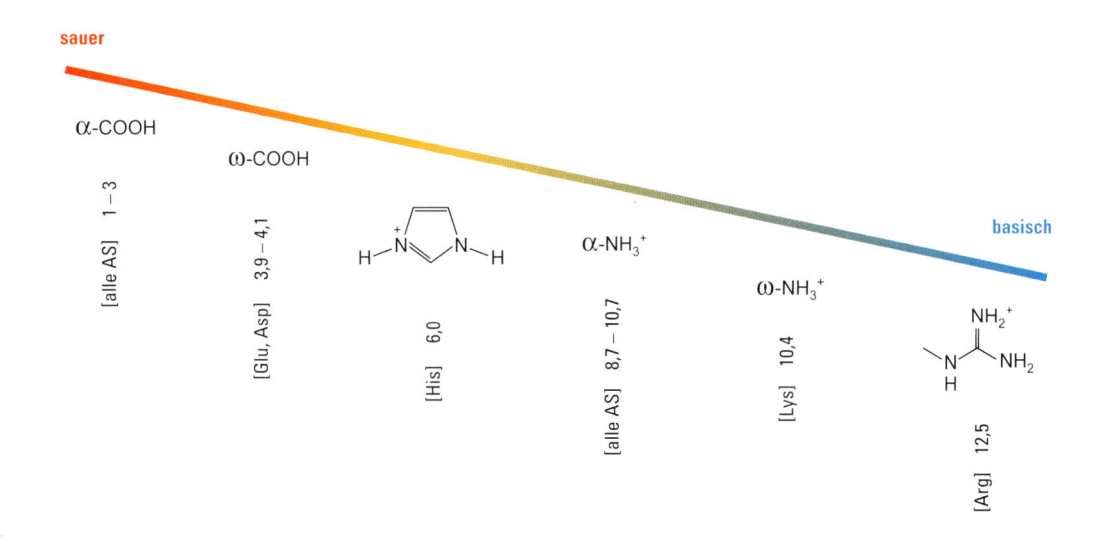

sauer
α-COOH [alle AS] 1–3
ω-COOH [Glu, Asp] 3,9–4,1
[His] 6,0
α-NH$_3^+$ [alle AS] 8,7–10,7
ω-NH$_3^+$ [Lys] 10,4
[Arg] 12,5
basisch

Abb. 9: Übersicht über die pK-Werte ausgewählter funktioneller Gruppen *medi-learn.de/6-bc2-9*

1 Aminosäuren

1.2.3 Isoelektrischer Punkt (I. P.)

Der isoelektrische Punkt – kurz I. P. – ist nicht so schwer zu verstehen, wie es vielleicht auf den ersten Blick scheint. Du solltest dir zunächst einmal Folgendes klar machen: Amino- und Carboxylgruppen einer Aminosäure können in Abhängigkeit von der H^+-Konzentration (pH-Wert) Protonen aufnehmen oder abgeben. Dadurch ändert sich ihre Ladung. Der **pH-Wert**, an dem eine Aminosäure **genauso viele positive wie negative Ladungen** besitzt, heißt **isoelektrischer Punkt**. Daraus geht auch hervor, dass jede Aminosäure nur EINEN I. P. besitzt.

Im Physikum wird gerne versucht, dich dadurch zu verwirren, dass man einer Aminosäure noch einen zweiten I. P. andichtet. Diesen haben jedoch auch Aminosäuren mit mehreren funktionellen Gruppen nicht (s. Abb. 12, S. 7).

> **Merke!**
> – Die COO^--Gruppe nimmt im sauren pH-Bereich ein Proton auf (basische Eigenschaft der Aminosäuren)
> – Die NH_3^+-Gruppe kann im basischen pH-Bereich ein Proton abgeben (saure Eigenschaft der Aminosäuren).

Wie aus Abb. 10 ersichtlich, sind die Aminosäuren auch am I. P. NICHT ungeladen. Sie tragen dort lediglich genauso viele positive wie negative Ladungen und erscheinen damit lediglich nach außen ungeladen. Die hier verwendeten Zwitterionen Form (s. 1.1, S. 1) entspricht damit der Ladungsverteilung am I. P. der jeweiligen Aminosäure.

Der I. P. wird nach folgender Formel berechnet:

$$I.\ P. = \frac{pK_1 + pK_2}{2}$$

Beispiel
Berechnung des isoelektrischen Punktes von Glycin:

$pK_1 (COO^-) = 2{,}35$
$pK_2 (NH_3^+) = 9{,}78$

$$I.\ P. = \frac{2{,}35 + 9{,}78}{2} = 6{,}065$$

Abb. 11: Isoelektrischer Punkt von Glycin
medi-learn.de/6-bc2-11

Etwas komplizierter wird es, wenn man den I. P. von Aminosäuren berechnen will, die mehr als eine Carboxylgruppe (COOH) oder mehr als eine Aminogruppe besitzen.
Als **Faustregel** kann man sagen, dass sich ihr **I. P.** aus dem **Mittelwert** der beiden **pK-Werte** ergibt, die am **nächsten beieinander** liegen:

Für saure AS gilt:

$$I.\ P. = \frac{pK(COO^-)_1 + pK(COO^-)_2}{2}$$

Abb. 10: Isoelektrischer Punkt
medi-learn.de/6-bc2-10

Für basische AS gilt:

$$I.P. = \frac{pK(NH_3^+)_1 + pK(NH_3^+)_2}{2}$$

Beispiel
Berechnung des isoelektrischen Punktes von Lysin:

```
        COO⁻              pK₁ (COO⁻) = 2,2
         |
H₃N⁺ — C — H              pK₂ (NH₃⁺) = 9,0
         |
        CH₂               pK₃ (NH₃⁺) = 10,4
         |
        CH₂
         |
        CH₂
         |
        CH₂           I.P. = (9,0 + 10,4)/2 = 9,7
         |
        NH₃⁺
```

Abb. 12: Isoelektrischer Punkt von Lysin

medi-learn.de/6-bc2-12

In Tab. 1, S. 9 dieses Skriptes sind die pK-Werte der 20 proteinogenen Aminosäuren aufgelistet. Auch sie muss nicht auswendig gelernt werden.
Wissen solltest du allerdings, dass Histidin mit ihrem I.P. von 7,6 die einzige Aminosäure ist, deren I.P. nahe am physiologischen pH-Wert unseres Körpers (ungefähr 7,4) liegt und dadurch sowohl Protonen aufnehmen als auch abgeben kann, ohne dass sich dafür der pH-Wert verändern muss. Aus diesem Grund ist Histidin häufig Bestandteil der katalytischen Zentren von Enzymen (s. 1.6.4, S. 31). Im Gegensatz dazu liegen die funktionellen Gruppen der anderen Aminosäuren im physiologischen pH-Bereich entweder protoniert (basische Aminosäuren) oder deprotoniert (saure Aminosäuren) vor und können nur bei pH-Änderungen Wasserstoff aufnehmen oder abgeben.
Auch Peptide und Proteine besitzen einen isoelektrischen Punkt. Er berechnet sich aus den funktionellen Gruppen aller Aminosäuren, die im Peptid/Protein vorkommen. Da jedoch beim Einbau von Aminosäuren in Proteine die Amino- und die Carboxylgruppe an der Peptidbindung teilnehmen, haben diese beiden keinen Einfluss mehr auf den I.P.. Der **I.P.** von **Peptiden** wird daher nur durch die pK-Werte der Aminosäure-**Seitenketten** bestimmt.

1.3 Strukturformeln

Bei einigen Fragen im Physikum bekommst du die Strukturformel einer Aminosäure vorgelegt und sollst bestimmen, um welche Aminosäure es sich handelt. Aus diesem Grund ist es leider wichtig, einige besonders oft vorkommende Aminosäuren auswendig zu lernen. Besonderes Augenmerk ist dabei auf die proteinogenen Aminosäuren zu legen. Welche davon im Einzelnen wichtig sind, ist am Ende dieses Abschnitts noch einmal zusammengefasst.

1.3.1 Nichtproteinogene Aminosäuren

Aminosäuren, die sich nicht in der Sequenz von Proteinen wiederfinden, heißen nichtproteinogene Aminosäuren. Sie spielen bei folgenden Stoffwechselvorgängen eine bedeutende Rolle:
– bei der Biosynthese von Harnstoff
– als Zwischenprodukte im Stoffwechsel der proteinogenen Aminosäuren,
– als Vorstufen niedermolekularer Verbindungen (Pigmente, biogene Amine).

Ornithin entsteht durch Abspaltung der Guanidinogruppe (Harnstoffgruppe) von Arginin, z. B. im Harnstoffzyklus (s. 1.5.5, S. 20).

Citrullin entsteht ebenfalls im Harnstoffzyklus, und zwar durch die Verknüpfung von Ornithin mit Carbamoylphosphat mittels der Ornithin-Carbamoylphosphat-Transferase.

1 Aminosäuren

Homocystein entsteht durch Demethylierung und Hydrolyse von S-Adenosylmethionin (s. Abb. 42, S. 29) und ist Zwischenprodukt des Methioninstoffwechsels.

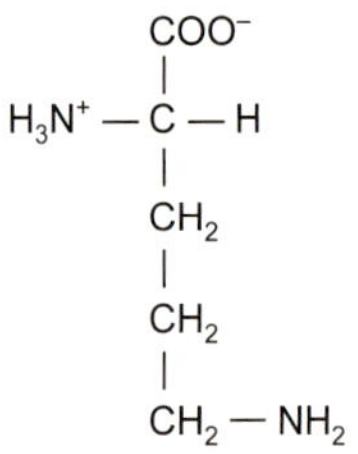

$$\begin{array}{c} COO^- \\ | \\ H_3N^+ - C - H \\ | \\ CH_2 \\ | \\ CH_2 \\ | \\ CH_2 - NH_2 \end{array}$$

Ornithin

Abb. 13: Strukturformel von Ornithin

medi-learn.de/6-bc2-13

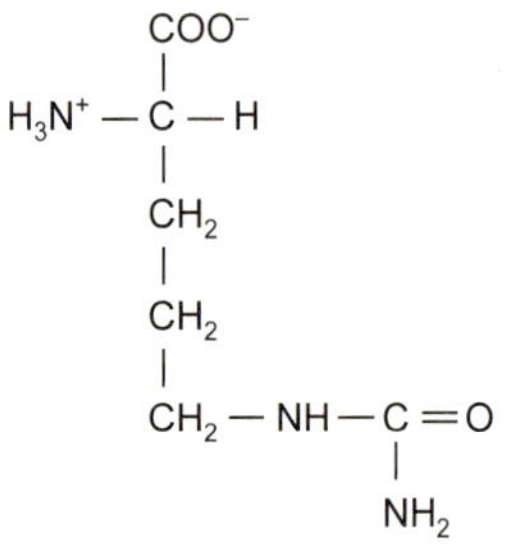

$$\begin{array}{c} COO^- \\ | \\ H_3N^+ - C - H \\ | \\ CH_2 \\ | \\ CH_2 \\ | \\ CH_2 - NH - C = O \\ | \\ NH_2 \end{array}$$

Citrullin

Abb. 14: Strukturformel von Citrullin

medi-learn.de/6-bc2-14

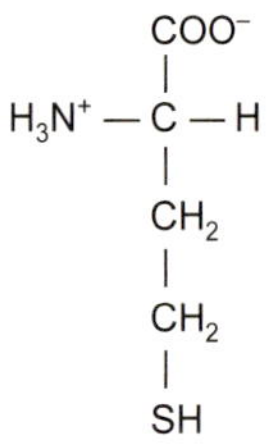

$$\begin{array}{c} COO^- \\ | \\ H_3N^+ - C - H \\ | \\ CH_2 \\ | \\ CH_2 \\ | \\ SH \end{array}$$

Homocystein

Abb. 15: Strukturformel von Homocystein

medi-learn.de/6-bc2-15

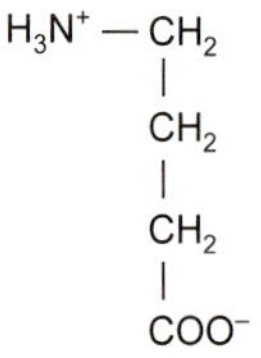

$$\begin{array}{c} H_3N^+ - CH_2 \\ | \\ CH_2 \\ | \\ CH_2 \\ | \\ COO^- \end{array}$$

GABA

Abb. 16: Strukturformel von GABA

medi-learn.de/6-bc2-16

GABA entsteht durch Abspaltung der α-Carboxylgruppe von Glutamat und ist ein Neurotransmitter (Überträgerstoff) im Gehirn.

1.3.2 Proteinogene Aminosäuren

Alle Aminosäuren, die durch die Translation in die Primärstruktur von Proteinen (Sequenz) eingebaut werden, heißen proteinogen. Zur Zeit sind 20 proteinogene Aminosäuren bekannt (+ Selenocystein daher eigentlich 21). In Tabelle 1 sind die proteinogenen Aminosäuren mit ihren Eigenschaften und ihrer Bedeutung zusammengefasst. Die Tabelle soll aber vorwiegend zum Nachschlagen dienen. Die für das Physikum wichtigen Stoffwechselwege werden in Kapitel 1.5, S. 16 noch genau besprochen. Dagegen solltest du sämtliche Strukturformeln und Namen der Aminosäuren kennen, da sie sehr wahrscheinlich im Physikum auftauchen.

Zur besseren Übersicht teilt man Aminosäuren nach unterschiedlichen Gesichtspunkten ein:

– Nach ihrem isoelektrischen Punkt in
  - sauer
  - neutral
  - basisch
– oder nach dem Verhalten ihrer Seitenketten in
  - hydrophil (wasserliebend) und
  - hydrophob (wasserfeindlich).

1.3.2 Proteinogene Aminosäuren

Abkürzung	voller Name	Seitenkettentyp	I. P.	Bemerkungen
Asp	Aspartat	sauer	2,85	spielt eine wichtige Rolle im Harnstoffzyklus
Glu	Glutamat	sauer	3,15	Reaktionsfolge α-Ketoglutarat→Glug →Gln, ermöglicht Bindung des Zellgifts Ammoniak
Cys	Cystein	hydrophil	5,05	spielt eine wichtige Rolle bei der Ausbildung von Disulfiden, z. B. im Glutathion
Asn	Asparagin	hydrophil	5,41	-
Phe	Phenylalanin	hydrophob	5,49	wichtig im Rahmen des Krankheitsbildes der Phenylketonurie
Thr	Threonin	hydrophil	5,60	-
Tyr	Tyrosin	hydrophil	5,64	im Protein phosphorylierbar (Substrat von Tyr-Kinasen)
Gln	Glutamin	hydrophil	5,65	universeller NH_2-Donor im Stoffwechsel
Ser	Serin	hydrophil	5,68	im Protein phosphorylierbar (Kinasesubstrat)
Met	Methionin	hydrophob	5,74	-
Trp	Tryptophan	hydrophob	5,89	Vorstufe von Serotonin, Melatonin und Niacin
Val	Valin	hydrophob	6,00	-
Leu	Leucin	hydrophob	6,01	-
Ile	Isoleucin	hydrophob	6,05	-
Gly	Glycin	hydrophil	6,06	einzige achirale AS durch zwei Wasserstoffatome am α-C-Atom
Ala	Alanin	hydrophob	6,11	entsteht aus Pyruvat durch Transaminierung
Pro	Prolin	hydrophob	6,30	kann Proteinstrukturen wie α-Helices oder β-Faltblätter unterbrechen, als Hydroxyprolin in hoher Konzentration im Kollagen enthalten
His	Histidin	basisch	7,60	pK-Wert im Neutralbereich; ermöglicht Säure-Basen-Katalyse; häufig an enzymatischen Reaktionen beteiligt
Lys	Lysin	basisch	9,60	als Hydroxylysin im Kollagen enthalten
Arg	Arginin	basisch	10,76	Metabolit im Harnstoffzyklus: Spaltung in Ornithin und Harnstoff; kann aufgrund seiner positiven Ladung negativ geladene Gruppen fixieren

Tab. 1: Die 20 proteineogenen Aminosäuren und ihre Eigenschaften

1 Aminosäuren

Saure Aminosäuren

Saure Aminosäuren besitzen mehr als eine Carboxylgruppe. Auf der rechten Seite stehen ihre Amide, die ebenfalls eine wichtige Rolle im Stoffwechsel spielen und in der Sequenz von Proteinen zu finden sind. Die Amide der sauren Aminosäuren (Asparagin und Glutamin) gehören zu den neutralen Aminosäuren. Sie sind an dieser Stelle nur aufgeführt, weil sie im Stoffwechsel eine enge Beziehung zu ihren Säuren haben und ineinander umgewandelt werden.

> **Merke!**
>
> Alle basischen Aminosäuren sind im physiologischen pH-Bereich positiv geladen und können daher negativ geladene Gruppen binden.

Sonderfall Selenocystein

Aus dem Serin (NICHT dem Cystein) leitet sich die 21. proteinogene Aminosäure ab, das Selenocystein. Zu einem Sonderfall wird Selenocystein nicht nur, weil es erst unmittelbar bei der Translation durch die Selenocystein-Synthase durch Modifikation von an tRNA-gebundenem Serin entsteht, sondern auch, weil es auf Gen-Ebene ein UGA-Codon codiert, das in den meisten Fällen als Stop-Codon fungiert. Folgen auf die Sequenz UGA jedoch bestimmte Nukleotide, führt dies zum Einbau von Selenocystein. Strukturell ähnelt Selenocystein sehr dem Cystein. Einziger Unterschied: Statt des Schwefelatoms enthält Selenocystein ein Selenatom (s. Abb. 19, S. 11), wodurch es noch redoxreaktiver ist als Cystein. Aus diesem Grund findet sich Selenocystein im aktiven Zentrum einiger Enzyme, wie z. B. der Glutathion-Peroxidase und der Thioredoxin-Reduktase.

Heterozyklische Aminosäuren

Heterozyklisch bedeutet, dass diese Aminosäuren eine gemischte (hetero-) Ringstruktur (-zyklisch) besitzen, an deren Bildung neben Kohlenstoff auch Stickstoff beteiligt ist.
Unter den heterozyklischen Aminosäuren fällt Prolin etwas aus der Reihe, da sein Aminostickstoff an zwei C-Atome gebunden ist. Formal ist Prolin dadurch keine Aminosäure, sondern eine Iminosäure. Wird Prolin in eine Aminosäuresequenz eingebaut, kommt es zum Abknicken der Polypeptidkette (s. 3.2.2, S. 45), eine Tatsache, die bislang immer wieder gerne im Physikum gefragt wurde.

Eine weitere Besonderheit unter den heterozyklischen Aminosäuren stellt das Histidin dar, dessen Heterozyklus ein **Imidazolring** ist. Da der pK-Wert der Seitenkette des Histidins mit 6,04 am ehesten dem physiologischen pH-Bereich entspricht, kann es in Enzymen sowohl Protonendonator als auch Protonenakzeptor sein. Aus diesem Grund ist Histidin oft Bestandteil des aktiven Zentrums (s. S. 52), z. B. von Serinproteasen (Enzyme mit der Aminosäure Serin im aktiven Zentrum). Beispiele sind Enzyme der Blutgerinnung, wie Plasmin und Thrombin (s. Skript Biochemie 6), aber auch Verdauungsenzyme, wie das Trypsin.

Essenzielle Aminosäuren

Von den 20 proteinogenen Aminosäuren sind acht essenziell, d. h., dass der Körper sie NICHT selbst synthetisieren kann, sie müssen von außen mit der Nahrung aufgenommen werden. Du solltest mindestens die Namen aller essenziellen Aminosäuren kennen.

> **Merke!**
>
> Merkspruch für die essenziellen Aminosäuren:
> **Ph**änomenale **Is**olde **tr**übt **mit**unter **Leut**nant **Va**lentins **lie**bliche **Tr**äume. Für: Phenylalanin, Isoleucin, Tryptophan, Methionin, Leucin, Valin, Lysin und Threonin.

1.3.2 Proteinogene Aminosäuren

saure Aminosäuren

$H_3N^+ - \underset{\underset{COO^-}{\underset{|}{CH_2}}}{\overset{COO^-}{\underset{|}{C}}} - H$

Aspartat

$H_3N^+ - \underset{\underset{COO^-}{\underset{|}{\underset{CH_2}{|}}{CH_2}}}{\overset{COO^-}{\underset{|}{C}}} - H$

Glutamat

zugehörige neutrale Amide

$H_3N^+ - \underset{\underset{NH_2}{\underset{|}{C=O}}}{\overset{COO^-}{\underset{|}{\underset{CH_2}{|}}{C}}} - H$

Asparagin

$H_3N^+ - \underset{\underset{NH_2}{\underset{|}{\underset{C=O}{|}}{CH_2}}}{\overset{COO^-}{\underset{|}{\underset{CH_2}{|}}{C}}} - H$

Glutamin

Abb. 17: Strukturformeln der sauren Aminosäuren und ihrer neutralen Amide

medi-learn.de/6-bc2-17

basische Aminosäuren

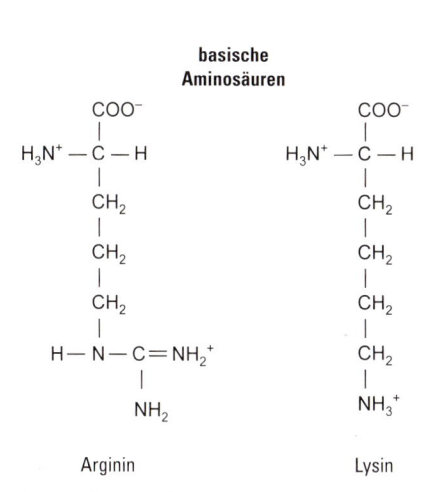

Arginin

Lysin

Abb. 18: Strukturformeln der basischen Aminosäuren

medi-learn.de/6-bc2-18

neutrale Aminosäuren

Glycin

Alanin

Serin

Selenocystein

Threonin

Valin

Isoleucin

Leucin

Abb. 19: Strukturformeln der neutralen Aminosäuren

medi-learn.de/6-bc2-19

1 Aminosäuren

Abb. 20: Strukturformeln der schwefelhaltigen Aminosäuren *medi-learn.de/6-bc2-20*

(Cystein, Methionin)

Abb. 21: Strukturformel von Selenocystein *medi-learn.de/6-bc2-21*

(Selenocystein)

Abb. 22: Strukturformeln der aromatischen Aminosäuren *medi-learn.de/6-bc2-22*

(Phenylalanin, Tyrosin)

Abb. 23: Strukturformeln der heterozyklischen Aminosäuren *medi-learn.de/6-bc2-23*

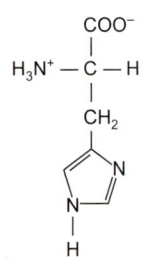

(Histidin, Tryptophan, Prolin)

1.3.3 Wie soll man sich diese Strukturformeln nur merken?

Auf den ersten Blick scheint es unmöglich, sich die Formeln für alle 20 Aminosäuren zu merken. Im Prinzip ist das auch nicht unbedingt notwendig. Viele Aminosäuren entstehen aus Produkten, die im Körper bei anderen Stoffwechselschritten anfallen.
So entsteht:
– Aspartat aus Oxalacetat durch Transaminierung (GOT),
– Alanin aus Pyruvat durch Transaminierung (GPT),
– Serin aus Threonin oder Glycin,
– Tyrosin aus Phenylalanin durch Hydroxylierung,
– Glutamat aus α-Ketoglutarat durch Aminierung und
– Glutamin aus Glutamat durch Aminierung.

1.3.3 Wie soll man sich diese Strukturformeln nur merken?

Folgende Aminosäuren solltest du dir aber mindestens merken, da sie entweder oft gefragt werden oder aber an besonders wichtigen Stoffwechselprozessen teilnehmen:
- Glycin ist relativ leicht zu merken, da es die einfachste Aminosäure ist,
- Alanin ist abzuleiten aus Pyruvat,
- Serin ist, wie Threonin, eine Aminosäure mit einer OH-Gruppe,
- Glutamat ist wichtig, da es an vielen Reaktionen teilnimmt (GOT, GPT) – am besten auch gleich die Strukturformel des Glutamins mitlernen,
- Aspartat ist wichtig, da es im Harnstoffzyklus vorkommt,
- Cystein ist wichtig als Bestandteil von Glutathion (s. 2.2, S. 38),
- Phenylalanin ist entscheidend für das Krankheitsbild der Phenylketonurie und
- Tyrosin entsteht durch Hydroxylierung aus Phenylalanin und ist Vorstufe der Katecholamine Dopamin, Noradrenalin und Adrenalin.

DAS BRINGT PUNKTE

Zu den allgemeinen, chemischen Eigenschaften und den Strukturformeln von Aminosäuren wurden bisher im Physikum vorwiegend Fragen zum **isoelektrischen Punkt** gestellt. Außerdem solltest du die wichtigsten Aminosäuren an ihrer Strukturformel erkennen. Mit folgenden Fakten lässt sich besonders gut punkten:

- Der pH-Wert, an dem eine Aminosäure genauso viele positive wie negative Ladungen besitzt, heißt isoelektrischer Punkt (I. P.).
- Der I. P. errechnet sich aus dem Mittelwert der beiden pK-Werte. Bei Aminosäuren mit mehr als einer funktionellen Gruppe sind das die beiden pK-Werte, die am nächsten beieinander liegen.
- Jede Aminosäure hat genau EINEN isoelektrischen Punkt, der für diese Aminosäure charakteristisch ist.
- Alle für den Körper nutzbaren Aminosäuren sind L-Aminosäuren.
- Die essenziellen Aminosäuren sind: Phenylalanin, Isoleucin, Tryptophan, Methionin, Leucin, Valin, Lysin und Threonin.

Von diesen **Aminosäuren** sollte man die Strukturformeln kennen:
- Glycin
- Serin
- Alanin
- Aspartat mit dem Amid Asparagin
- Glutamat mit dem Amid Glutamin
- Phenylalanin

FÜRS MÜNDLICHE

Zur Einstimmung auf dieses Skript folgen hier die Fragen zum Aufbau der Aminosäuren. Überprüfe dein Wissen alleine oder mit deiner Lerngruppe:

1. **Bitte erläutern Sie, wozu der Körper Aminosäuren benötigt.**

2. **Erklären Sie bitte, welche Art von Aminosäuren verstoffwechselt werden und wie sie sich unterscheiden.**

3. **Bitte erklären Sie, was „isoelektrischer Punkt von Aminosäuren" bedeutet und wie er berechnet wird.**

4. **Bitte erklären Sie, welche Aminosäure achiral ist, welche ein Chiralitätszentrum besitzt und welche zwei!**

5. **Erläutern Sie den Begriff „essenzielle Aminosäuren" und zählen Sie sie auf.**

---

1. Bitte erläutern Sie, wozu der Körper Aminosäuren benötigt.
Aminosäuren erfüllen im Körper fünf wichtige Funktionen:
- Sie werden zur Energiegewinnung genutzt.
- Bei Überschuss werden aus ihnen Energiereserven (Fettdepots) angelegt.
- Aus ihnen kann in der Gluconeogenese Glucose gebildet werden.
- Zur Synthese von Enzymen in der Translation werden Aminosäuren benötigt.

DAS BRINGT PUNKTE

– Sie dienen dem Aufbau von körpereigenen Proteinen, z. B. für Muskeln.

2. Erklären Sie bitte, welche Art von Aminosäuren verstoffwechselt werden und wie sie sich unterscheiden.
Der Körper ist nur in der Lage, L-Aminosäuren zu verstoffwechseln. Für D-Aminosäuren besitzt er keine passenden Enzyme. Der Unterschied zwischen diesen beiden Formen ist, dass bei der L-Form die Aminogruppe links steht, bei der D-Form rechts.

3. Bitte erklären Sie, was „isoelektrischer Punkt von Aminosäuren" bedeutet und wie er berechnet wird.
Der isoelektrische Punkt von Aminosäuren ist der pH-Wert, an dem eine Aminosäure genauso viele positive wie negative Ladungen besitzt. Er berechnet sich nach der Formel (pks1 + pks 2)/2. Jede Aminosäure hat genau EINEN isoelektrischen Punkt, der für sie charakteristisch ist.

4. Bitte erklären Sie, welche Aminosäure achiral ist, welche ein Chiralitätszentrum besitzt und welche zwei!
Die einzige achirale Aminosäure ist Glycin. Alle anderen Aminosäuren besitzen mindestens ein Chiralitätszentrum, Threonin und Isoleucin sogar zwei.

5. Erläutern Sie den Begriff „essenzielle Aminosäuren" und zählen Sie sie auf.
Essenzielle Aminosäuren sind die acht Aminosäuren, die vom Körper nicht selbst synthetisiert werden können. Sie müssen mit der Nahrung aufgenommen werden. Im Einzelnen sind das: Phenylalanin, Isoleucin, Tryptophan, Methionin, Leucin, Valin, Lysin und Threonin.

Pause

Erste Pause! Hier was zum Grinsen für Zwischendurch ...

1 Aminosäuren

1.4 Pyridoxalphosphat (PALP)

Pyridoxalphosphat gehört zu den Coenzymen. Obwohl die Coenzyme erst Thema von Kapitel 5, S. 70 sind, taucht Pyridoxalphosphat bereits hier auf, da es an fast allen Reaktionen beteiligt ist, an denen Aminosäuren teilnehmen, die im folgenden Kapitel besprochen werden. Das Pyridoxalphosphat (PALP) leitet sich vom Vitamin B_6 ab, das in drei Zustandsformen vorkommt:
- als Pyridoxol (Alkohol),
- als Pyridoxamin (Amin),
- als Pyridoxal (Aldehyd).

Die biologisch aktive Form ist PALP. Man kann PALP als DAS Coenzym des Aminosäurestoffwechsels bezeichnen, weswegen es auch im Physikum ständig wieder auftaucht.

Abb. 24: Strukturformel PALP *medi-learn.de/6-bc2-24*

Die Strukturformel von PALP muss übrigens nicht auswendig gelernt werden und ist nur der Vollständigkeit halber aufgeführt.
Die Reaktionen, an denen PALP beteiligt ist, lassen sich auf diese Bereiche einschränken:
- Transaminierungen (Bildung von Aminosäuren, s. 1.5.2, S. 18),
- Decarboxylierungen (Bildung von biogenen Aminen, s. 1.5.3, S. 19),
- δ-Aminolävulinsäure-Synthase (Hämsynthese, s. Skript Biochemie 6),
- eliminierende Desaminierung (s. 1.5.1, S. 16)

An dieser Stelle noch ein kleiner Ausflug zu den Vitaminen: Bei Carboxylierungen und Decarboxylierungen sind jeweils Vitamine als Coenzyme beteiligt, nämlich das Biotin und das Pyridoxalphosphat. Dabei ist das Coenzym mit weniger Buchstaben auch an der Reaktion mit weniger Buchstaben beteiligt, also das **Biotin an Carboxylierungen** und das **Pyridoxalphosphat an Decarboxylierungen**.

1.5 Aminosäure-Stoffwechsel

In allen Geweben des Körpers werden Aminosäuren verstoffwechselt. Das Kohlenstoffgerüst wird dabei – je nach Art der Aminosäure – im Glucosestoffwechsel (s. 1.5.4, S. 19) oder im Fett- und Ketonkörperstoffwechsel verwendet. Hierzu muss zunächst die Aminogruppe vom Kohlenstoffskelett abgetrennt werden. Daneben nehmen Aminosäuren aber auch in Form von biogenen Aminen am Aufbau von Transmittern teil (s. 1.5.3, S. 19). Die Verstoffwechselung von Aminosäuren erfolgt über
- **Desaminierung**,
  - oxidativ
  - eliminierend
- **Transaminierung**,
- **Decarboxylierung**.

1.5.1 Desaminierung

Ob eine Aminosäure oxidativ oder eliminierend desaminiert wird, hängt von der Art der Aminosäure ab.

Oxidative Desaminierung

Hier wird die Aminosäure zunächst dehydriert (oxidiert), wobei der frei werdende Wasserstoff auf NAD^+ oder auf $NADP^+$ übertragen wird. Als Zwischenprodukt entsteht so eine **Iminosäure**, also eine Aminosäure, deren Stickstoff zwei mal an Kohlenstoff gebunden ist (vgl. 1.6.7, S. 32). Unter Einlagerung von H_2O

1.5.1 Desaminierung

Abb. 25: Oxidative Desaminierung   *medi-learn.de/6-bc2-25*

(Hydrolyse) wird dann die Iminogruppe abgetrennt. Es entsteht eine α-Ketosäure und Ammoniak. Der Verbleib des Wassers ist zur Verdeutlichung in der Grafik hervorgehoben.
Die Reaktionsabfolge der oxidativen Desaminierung besteht also aus einer Oxidation und einer Hydrolyse.

Glutamat-Dehydrogenase-Reaktion (GLDH)

In diesem Zusammenhang ist die oxidative Desaminierung von Glutamat durch die GLDH besonders wichtig. Das entstehende α-Ketoglutarat ist bedeutender Reaktionspartner von Transaminierungen (s. 1.5.2, S. 18), bei denen erneut Glutamat entsteht. Als Coenzym der Glutamat-Dehydrogenase-Reaktion wird NAD^+ benötigt.

Übrigens ...
Die Glutamat-Dehydrogenase ist in hoher Konzentration in der Mitochondrienmembran der Leber lokalisiert und bei Leberschädigung – z. B. durch Hepatitis – erhöht im Blutplasma nachweisbar.

Merke!
- Oxidativ desaminiert wird Glutamat zu α-Ketoglutarat in der GLDH-Reaktion.
- Die oxidative Desaminierung (s. Abb. 26) benötigt als einziger Reaktionstypus der Aminosäuren **KEIN** Pyridoxalphosphat (PALP).

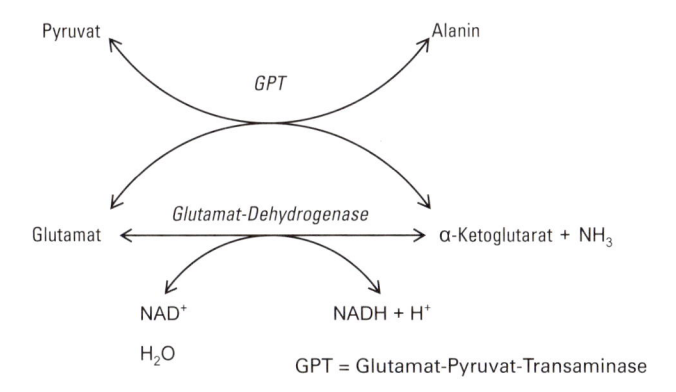

Abb. 26: GLDH-Reaktion   *medi-learn.de/6-bc2-26*

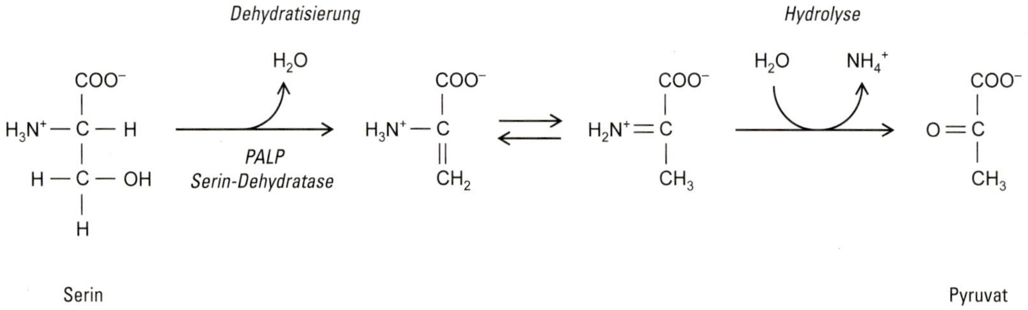

1 Aminosäuren

Abb. 27: Eliminierende Desaminierung

Eliminierende Desaminierung

Bei der eliminierenden Desaminierung wird der α-Aminostickstoff durch Abspaltung von Wasser (Dehydratisierung) entfernt. Bei schwefelhaltigen Aminosäuren (Methionin und Cystein) wird, anstelle des Wassers, H_2S abgespalten. Diese Reaktion ist **pyridoxalphosphat-(PALP-)abhängig**. Die entstandene α-Iminosäure wird weiter zur α-Ketosäure und Ammoniak hydrolysiert.

Die Reaktionsfolge der eliminierenden Desaminierung besteht also aus einer Dehydratisierung und einer Hydrolyse.

> **Merke!**
>
> Eliminierend desaminiert werden:
> - Glycin,
> - die beiden schwefelhaltigen Aminosäuren Methionin und Cystein,
> - die beiden neutralen OH-haltigen Aminosäuren Serin und Threonin.

1.5.2 Transaminierung

Unter Transaminierung versteht man die reversible Übertragung der Aminogruppe von einer Aminosäure A auf eine Ketosäure B. Bei der Reaktion entstehen eine neue Ketosäure A und eine neue Aminosäure B. Auf diesem Weg kann der Körper nichtessenzielle Aminosäuren aufbauen.

Das Coenzym dieses Reaktionstyps ist erneut **Pyridoxalphosphat**. Die zwei wichtigen Transaminierungsreaktionen sind
– Glutamat-Pyruvat-Transaminase-Reaktion = GPT (ALT) und
– Glutamat-Oxalacetat-Transaminase-Reaktion = GOT (AST).

Beide werden in Kapitel 1.5.5, S. 20 besprochen.

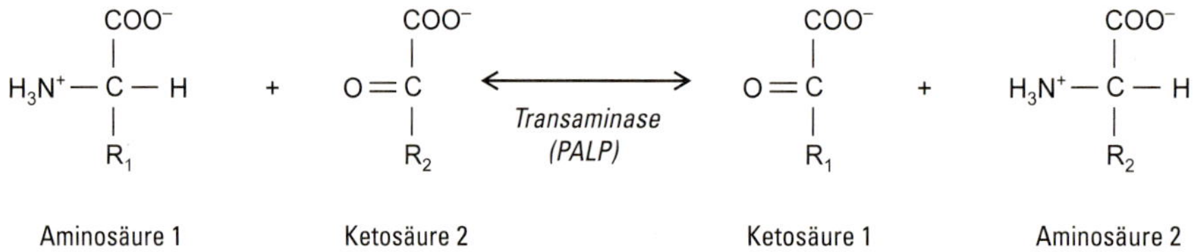

Abb. 28: Transaminierung

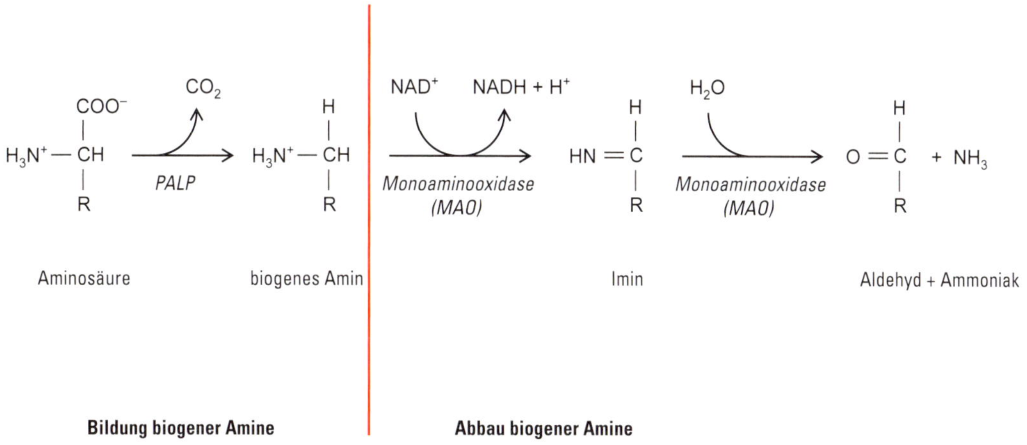

1.5.3 Decarboxylierung/Bildung biogener Amine

Abb. 29: Bildung und Abbau biogener Amine

1.5.3 Decarboxylierung/ Bildung biogener Amine

Durch **PALP-abhängige** Decarboxylierung von Aminosäuren entstehen biogene Amine. Biogene Amine besitzen ein Kohlenstoffatom weniger als die zugehörige Aminosäure. Sie spielen eine wichtige Rolle bei der Signalübertragung, z. B. als Hormon (Adrenalin, Histamin) oder Neurotransmitter (Noradrenalin, Serotonin).

Die Bildung der biogenen Amine ist relativ einfach. Durch eine **PALP-abhängige Decarboxylase** wird die α-Carboxylgruppe der Aminosäure unter Bildung von CO_2 abgetrennt. Produkt dieser Reaktion ist bereits das biogene Amin. Die Inaktivierung der biogenen Amine erfolgt analog zur oxidativen Desaminierung (s. 1.5.1, S. 16) durch Monoaminooxidasen, wenn die betreffende Aminosäure nur eine Aminogruppe trägt oder entsprechend durch Dioxidasen bei Aminosäuren mit zwei Aminogruppen.

Als Zwischenprodukt entsteht – wie bei der oxidativen Desaminierung auch – ein Imin, das durch Hydrolyse zum Aldehyd und Ammoniak umgewandelt wird.

1.5.4 Abbau des Kohlenstoffgerüsts

Je nachdem, welche Produkte am Ende des Aminosäureabbaus entstehen, unterscheidet man zwischen

- glucoplastischen (können auch zur Gluconeogenese verwendet werden),
- ketoplastischen Aminosäuren (aus ihnen können Ketonkörper synthetisiert werden) sowie
- gluco- und ketoplastischen Aminosäuren.

Gluco- und ketoplastische Aminosäuren werden an unterschiedlicher Stelle in den Citratzyklus eingeschleust. Einen Überblick darüber gibt Abb. 31, S. 21.

Glucoplastische Aminosäuren

Beim Abbau von glucoplastischen Aminosäuren entstehen Produkte, die sich in die Gluconeogenese einschleusen lassen, aus denen also Glucose aufgebaut werden kann. Bei diesen Produkten handelt es sich meist um Substrate des Citratzyklus wie

- Pyruvat,
- Succinyl-CoA,
- α-Ketoglutarat,
- Oxalacetat.

1 Aminosäuren

	Aminosäure	Abbauprodukt	Merke:
neutrale Aminosäuren	Leucin	Acetyl-CoA; Acetoacetat	Die beiden Aminosäuren, die mit „L" anfangen, sind rein ketogen.
basische Aminosäuren	Lysin	Acetyl-CoA	

Tab. 2: Ketoplastische Aminosäuren

Ketoplastische Aminosäuren

Da, wie aus dem Fettstoffwechsel bekannt, Acetyl-CoA NICHT zur Gluconeogenese verwendet werden kann, werden alle Aminosäuren, die beim Abbau ihres Kohlenstoffgerüsts Acetyl-CoA liefern, als ketoplastisch (ketogen) bezeichnet. Das Acetyl-CoA wird entweder in den Citratzyklus eingeschleust und verstoffwechselt, oder es dient zur Synthese von Fettsäuren und Ketonkörpern.

In Tabelle 2 findest du Wissenswertes zu den ketoplastischen Aminosäuren.

Gluco- und ketoplastische Aminosäuren

Ketonkörper

$H_3C-\overset{O}{\underset{\|}{C}}-CH_3$ $\underset{HO}{\overset{O}{\underset{\|}{C}}}-CH_2-\overset{O}{\underset{\|}{C}}-CH_3$

Aceton   Acetoacetat

$\underset{HO}{\overset{O}{\underset{\|}{C}}}-CH_2-\overset{OH}{\underset{H}{\overset{|}{C}}}-CH_3$

β-Hydroxybuttersäure

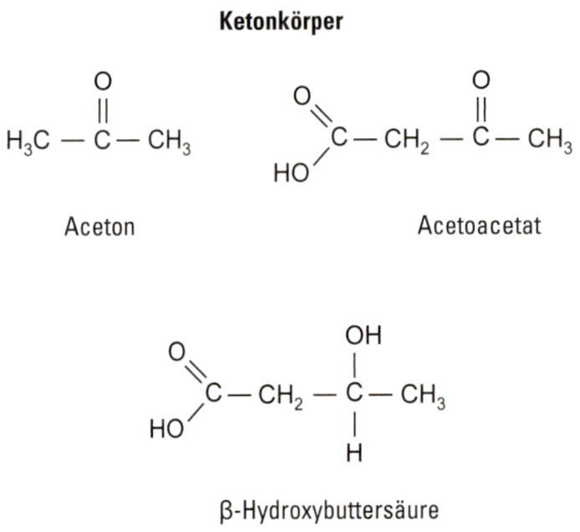

Abb. 30: Ketonkörper   medi-learn.de/6-bc2-30

Beim Abbau einiger Aminosäuren entstehen sowohl Produkte, die zur Gluconeogenese, als auch solche, die zur Synthese von Ketonkörpern verwendet werden können. Diese Aminosäuren nennt man folglich gluco- und ketoplastisch. Dass die aromatischen Aminosäuren beide gluco- und ketoplastisch sind, macht auch Sinn, wenn man bedenkt, dass aus Phenylalanin durch Hydroxylierung (Anhängen einer OH-Gruppe) Tyrosin entstehen kann. Der Abbau beider Aminosäuren ist ebenfalls identisch.

1.5.5 Entgiftung des Ammoniaks

Ein sehr dankbares Thema in der Biochemie sind die großen Stoffwechselwege. Beim Fettsäureabbau ist das die β-Oxidation, beim Glucoseabbau die Glykolyse. Auch der Aminosäureabbau besitzt einen entsprechenden, gerne gefragten Stoffwechselprozess, den **Harnstoffzyklus**.

Im Harnstoffzyklus wird das neurotoxische Ammoniak der Aminogruppe von Aminosäuren in weniger giftigen Harnstoff umgewandelt. Wie Ammoniak entsteht und wie es zur Leber transportiert wird, um dort entgiftet zu werden, ist Thema dieses Abschnitts.

Bildung und Transport des Ammoniaks

Aminosäuren werden in allen Geweben durch die Mechanismen der Transaminierung, Desaminierung und Decarboxylierung (s. 1.5.1. bis 1.5.3 ab S. 16) ab-/umgebaut. Das vor allem bei der Desaminierung freiwerdende Ammoniak ist ein hoch toxisches Zellgift, das besonders die Nervenreizleitung stört. Der Körper muss daher das anfallende Ammoniak so schnell wie möglich entgiften.

Die Enzyme zur Entgiftung des Ammoniaks sind allerdings nur in der Leber lokalisiert, weswegen der Körper einen Transportmechanismus für Ammoniak von den peripheren Geweben (z. B. dem Muskel) über das Blut zur Leber benötigt.

1.5.5 Entgiftung des Ammoniaks

Dabei spielen drei Transport-Aminosäuren eine wichtige Rolle:
- Glutamat aus α-Ketoglutarat,
- Alanin aus Pyruvat,
- Aspartat aus Oxalacetat.

Für den Transport von Stickstoff sind diese drei deshalb so gut geeignet, da ihr Kohlenstoffgerüst ständig bei anderen Stoffwechselschritten anfällt und sie durch einfache Transaminierung synthetisiert werden können.

Glutamat: Eine Schlüsselrolle bei diesen Transaminierungen spielt das Glutamat. Es entsteht direkt durch die Bindung freien Ammoniaks an α-Ketoglutarat durch die Glutamat-Dehydrogenase.

Abb. 32: Bindung von freiem Ammoniak (Ammoniakfixierung) *medi-learn.de/6-bc2-32*

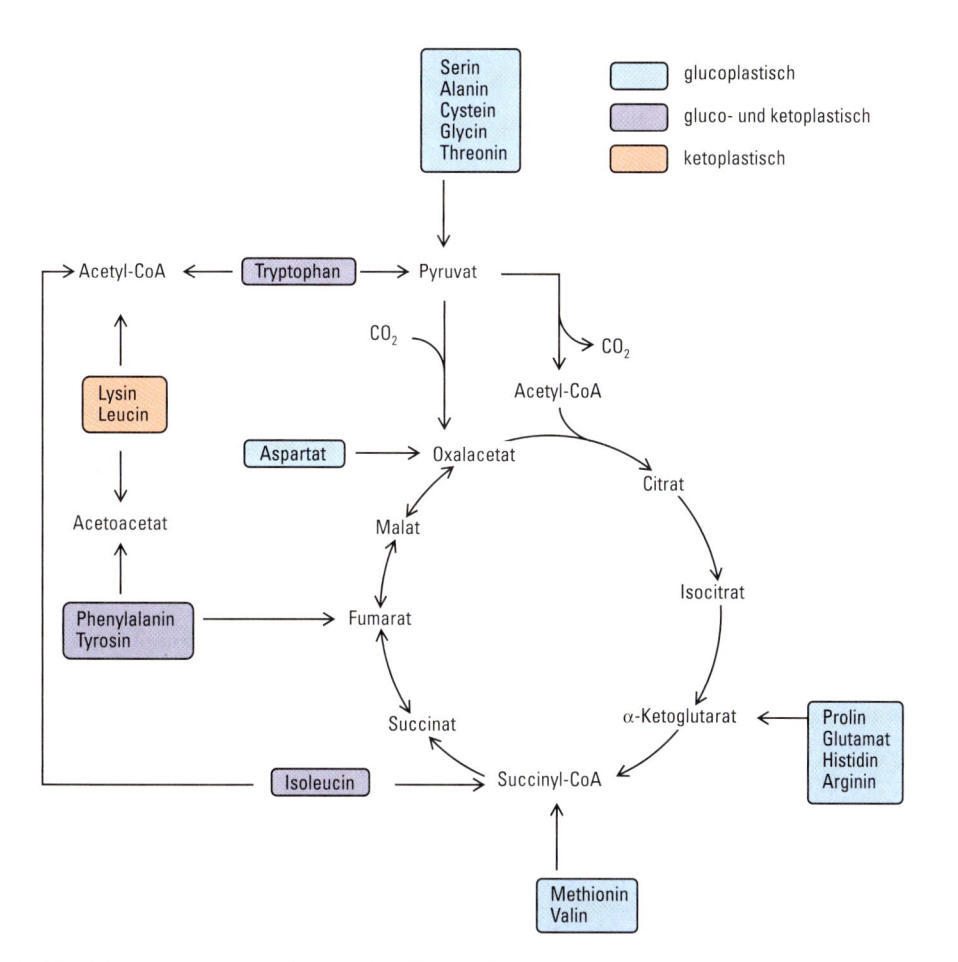

Abb. 31: Einschleusung der Aminosäuren in den Citratzyklus *medi-learn.de/6-bc2-31*

1 Aminosäuren

Glutamat   **Pyruvat**   **α-Ketoglutarat**   **Alanin**

Abb. 33: GPT-Reaktion, Transaminierung Pyruvat → Alanin   medi-learn.de/6-bc2-33

Glutamat ist in sehr hohen Konzentrationen im Körper vorhanden und steht so für diverse Transaminierungen zur Verfügung. In diesem Zusammenhang sehr wichtige Reaktionen sind:

1. **GPT**: Bildung von Alanin aus Pyruvat durch die Glutamat-Pyruvat-Transaminase (GPT). Eine andere Bezeichnung für die GPT ist **ALT** (Alanin-Aminotransferase).
2. **GOT**: Bildung von Aspartat durch die Glutamat-Oxalacetat-Transaminase (GOT). Eine andere Bezeichnung für die GOT ist **AST** (Aspartat-Aminotransferase).

> **Merke!**
>
> GOT(T) sitzt auf dem AST.

Das bei beiden Reaktionen – der GPT und der GOT – wieder freigesetzte α-Ketoglutarat wird erneut durch Bindung von freiem Ammoniak zu Glutamat umgewandelt.

Glutamat kann noch eine zweite Ammoniakgruppe am γ-C-Atom binden. Diese Reaktion wird durch die Glutamin-Synthetase katalysiert und ist **ATP-abhängig**. Im Gegensatz zu Synthasen verbrauchen Synthetasen bei der Ligation ATP. Das dabei entstehende Glutamin ist wie Alanin ein Stickstofftransporter im Blutplasma, gelangt allerdings nicht – wie das Alanin – zur Leber, sondern ist vorwiegend Stickstofflieferant für die Nieren. Dort angekommen, wird ein Ammonium-Ion abgespalten und in den Urin abgegeben, wo es u. a. zur Neutralisation von Säuren im Harn beiträgt. Das Kohlenstoffgerüst des Glutamins wird für die Gluconeogenese verwendet.

Glutamat   **Oxalacetat**   **α-Ketoglutarat**   **Aspartat**

Abb. 34: GOT-Reaktion, Oxalacetat → Aspartat   medi-learn.de/6-bc2-34

1.5.5 Entgiftung des Ammoniaks

Abb. 35: Fixierung einer zweiten Ammoniakgruppe an Glutamat

medi-learn.de/6-bc2-35

Alaninzyklus

Die in der GPT-Reaktion aus Pyruvat und Ammoniak gebildete Aminosäure Alanin ist an einem recht einfachen, aber für den Ammoniaktransport sehr bedeutenden Kreislauf beteiligt:
1. Alanin wird vom Gewebe ins Blutplasma abgegeben.
2. Von den Hepatozyten der Leber wird Alanin aufgenommen und durch Transaminierung in Pyruvat umgewandelt, wobei die Aminogruppe auf Oxalacetat übertragen wird.
3. und 4. Während das Pyruvat der Gluconeogenese zugeführt werden kann, spielt das entstandene Aspartat eine bedeutende Rolle bei der Harnstoffsynthese (Harnstoffzyklus, s. S. 24).
5. Die produzierte Glucose wird von der Leber an das Blut abgegeben und zurück zum Muskel transportiert.
6. und 7. Im Muskel entsteht in der Glykolyse wieder Pyruvat, das in der GPT durch Transaminierung erneut Alanin liefert, womit sich der Zyklus schließt.

Der Transport von Ammoniak vom Gewebe zur Leber und die Einschleusung in den Harnstoffzyklus geschehen folgendermaßen:
– Durch Desaminierung aus Aminosäuren freigesetztes Ammoniak wird an α-Ketoglutarat gebunden, wodurch Glutamat entsteht.
– Glutamat überträgt den Stickstoff in der GPT-Reaktion auf Pyruvat, wodurch Alanin entsteht.

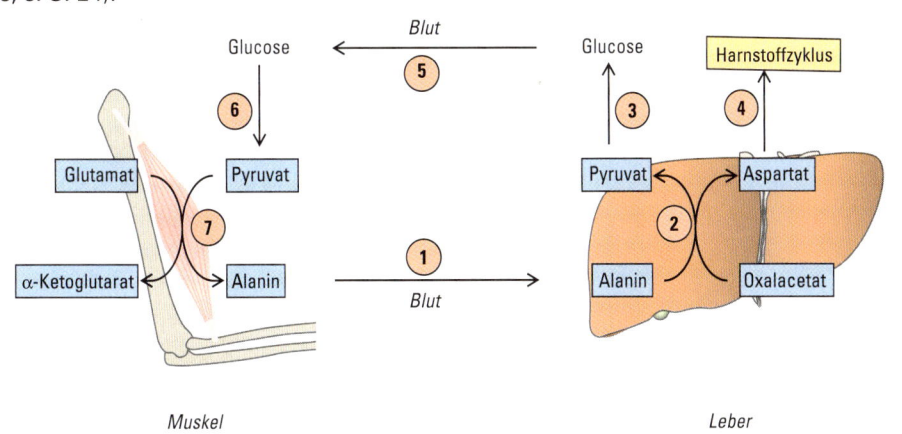

Abb. 36: Alaninzyklus

medi-learn.de/6-bc2-36

1 Aminosäuren

- Alanin wird im Blutplasma zur Leber transportiert.
- In der Leber wird der Stickstoff vom Alanin unter erneuter Bildung von Pyruvat auf Oxalacetat übertragen, wodurch Aspartat entsteht.
- Aspartat wird in den Harnstoffzyklus eingeschleust.

Harnstoffzyklus

Im Harnstoffzyklus (s. Abb. 37) bildet der Körper – vereinfacht gesagt – aus einem Molekül Ammoniak, der Aminogruppe von Aspartat und CO_2 unter ATP-Verbrauch ein Molekül Harnstoff. Diesen viel Energie verbrauchenden Prozess leistet sich der Körper, um das giftige Ammoniak ausscheidbar zu machen.

1. Im ersten Schritt des Harnstoffzyklus reagiert Ammoniak mit HCO_3^- unter Verbrauch von zwei ATP zu Carbamoylphosphat. Dies ist der geschwindigkeitsbestimmende Schritt des Harnstoffzyklus. Das katalysierende Enzym dieser Reaktion ist die Carbamoylphosphat-Synthetase I. Als Cofaktor wird N-Acetylglutamat benötigt. Carbamoylphosphat ist stark polar und kann die Mitochondrienmembran NICHT überwinden.

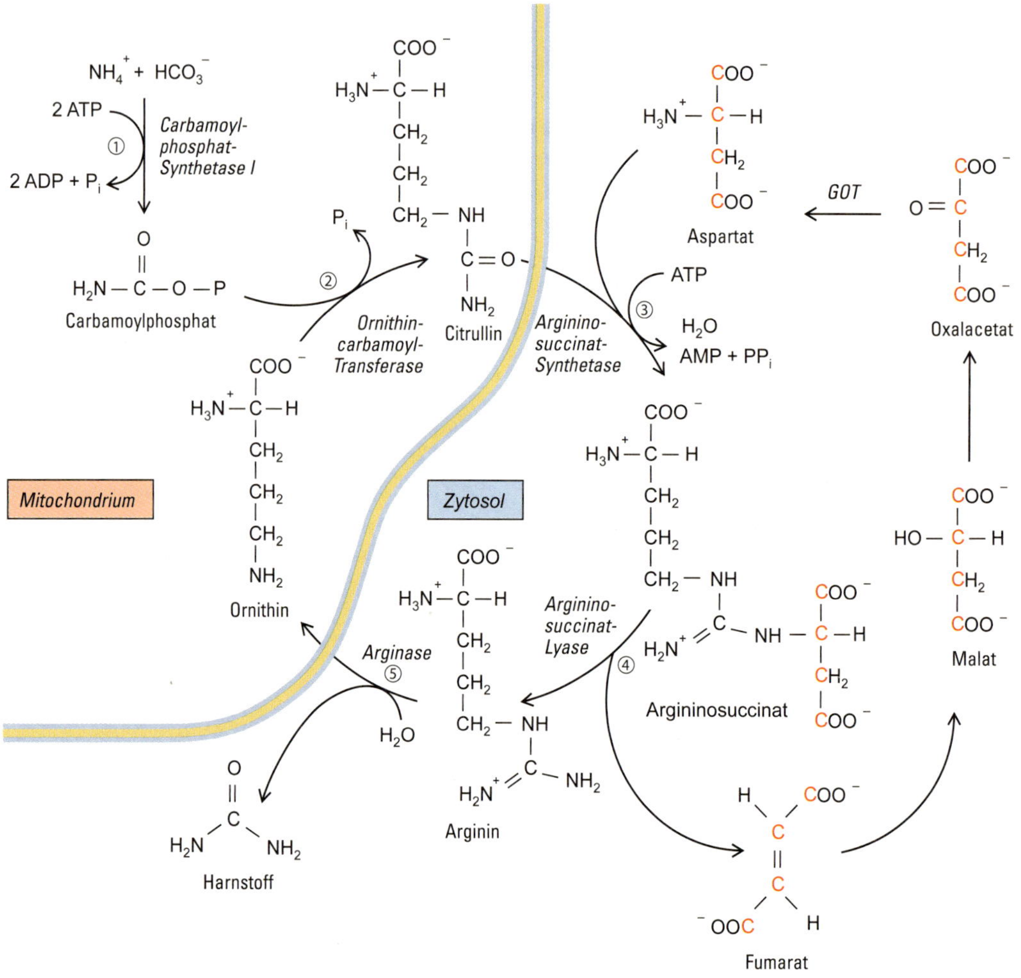

Abb. 37: Harnstoffzyklus

medi-learn.de/6-bc2-37

1.5.5 Entgiftung des Ammoniaks

2. Als nächstes wird der Carbamoylrest auf die nichtproteinogene Aminosäure Ornithin übertragen. Das Phosphat wird abgespalten. Das Enzym, das diese Reaktion katalysiert ist die Ornithin-Carbamoyl-Transferase. **Das entstandene Citrullin, ebenfalls eine nichtproteinogene Aminosäure, wird durch die Mitochondrienmembran ins Zytosol transportiert.**
3. Jetzt bindet die Aminogruppe von Aspartat an Citrullin. Dabei entsteht Argininosuccinat. Auch diese Reaktion benötigt ein ATP, das dabei zu AMP und PP (Pyrophosphat) gespalten wird. Insgesamt werden hier also ein ATP, aber zwei seiner energiereichen Bindungen verbraucht. Das Enzym dieser Reaktion ist die Argininosuccinat-Synthetase.
4. Anschließend wird Argininosuccinat durch die Argininosuccinat-Lyase in die proteinogene Aminosäure Arginin und Fumarat gespalten. Fumarat kann entweder über Zwischenschritte zu Oxalacetat umgewandelt werden, aus dem durch Transaminierung Aspartat regeneriert wird, oder direkt in den Citratzyklus wandern.
5. Der Harnstoffzyklus schließt sich durch die hydrolytische (Einlagerung von H_2O) Abspaltung der Harnstoffgruppe (Guanidinogruppe) von Arginin durch die Arginase. **Es entstehen Harnstoff und Ornithin, das zurück durch die Mitochondrienmembran transportiert wird** und für einen weiteren Zyklus bereitsteht.

Merke!

Am Harnstoffzyklus sind zwei Kompartimente beteiligt. Die ersten beiden Schritte erfolgen im Mitochondrium, die übrigen im Zytosol. Im Harnstoffzyklus werden vier energiereiche Bindungen gespalten. Der gebildete Harnstoff tritt ins Blut über und wird von den Nieren mit dem Urin ausgeschieden.

Pro Molekül gebildeten Harnstoff werden im Harnstoffzyklus vier energiereiche Bindungen gespalten (3 ATP → 2 ADP + 2 P_i + AMP + PP). Da aber bei der Umwandlung des ebenfalls gebildeten Fumarats in Oxalacetat NADH + H^+ entsteht, das in der Atmungskette wieder 3 ATP liefert, beträgt der Gesamtenergieverbrauch nur 1 ATP.

Bei der Pyrimidinbiosynthese wird ebenfalls Carbamoylphosphat gebildet. Der Unterschied zum ersten Schritt des Harnstoffzyklus ist, dass die Reaktion bei der **Pyrimidinsynthese im Zytosol** stattfindet und der **Stickstoff vom Glutamin** und nicht aus freiem Ammoniak stammt. Katalysierendes Enzym ist die **Carbamoylphosphat-Synthetase II**.

Übrigens …
Bei einem Mangel eines der Enzyme des Harnstoffzyklus und bei Patienten mit Leberzirrhose tritt Ammoniak in erhöhter Konzentration im Blutplasma auf. Dies kann zu Nervenschädigungen und Enzephalopathie führen.

Eine andere Reaktion, an der Arginin und Citrullin beteiligt sind, ist die Synthese des **Vasodilatators NO** (Stickstoffmonoxid = EDRF = Endothelium derived relaxing factor). Zu diesem Schritt sind auch andere Organe fähig, wie z. B. die Blutgefäße; er hat also nichts mit dem Harnstoffzyklus zu tun, der nur in der Leber lokalisiert ist.

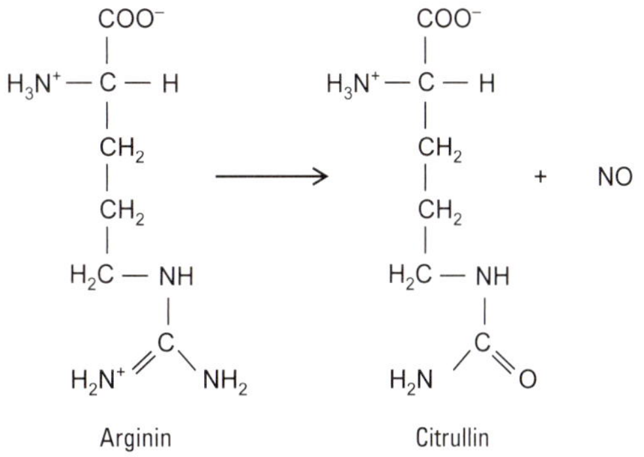

Abb. 38: NO-Synthese   medi-learn.de/6-bc2-38

1 Aminosäuren

Ausscheidung von Harnstoff

Harnstoff ist das Hauptprodukt für die Ausscheidung des beim Aminosäurestoffwechsels anfallenden Zellgifts Ammoniak (NH_3). Er wird in der Leber produziert und ist gut wasserlöslich. Von der Leber wird Harnstoff ins Blutplasma abgegeben und vor allem durch die **Nieren** ausgeschieden. **Harnstoff wird in den Glomerula der Nieren frei filtriert und in den Tubuli rückresorbiert.** Die Konzentration im Blutplasma hängt ab von der
- täglichen Eiweißzufuhr,
- der Funktion der Leber und
- der Funktion der Ausscheidung über die Nieren.

Vor allem bei einer Nierenunterfunktion steigt daher die Konzentration des Harnstoffs im Blut an.

1.6 Stoffwechsel spezieller Aminosäuren

Im schriftlichen Physikum kamen bislang immer wieder Fragen zum Stoffwechsel bestimmter Aminosäuren. Zumeist wird dabei nach den Aminosäuren gefragt, die Synthesevorstufen von Neurotransmittern oder Hormonen sind.

Die Kenntnis dieses Abschnitts ist also ein sicherer Punktelieferant. Im Einzelnen werden hier die relevanten Fakten zu den Aminosäuren
- Phenylalanin
- Tyrosin
- Tryptophan
- Histidin
- Glutamat/Glutamin
- Aspartat und
- Prolin/Lysin

vorgestellt.

1.6.1 Phenylalanin

Phenylalanin ist eine essenzielle Aminosäure, sie muss also mit der Nahrung aufgenommen werden. Beim Abbau von Phenylalanin (dicke Pfeile) entsteht durch Hydroxylierung am Benzolring Tyrosin und schließlich als Endprodukte (auch des Tyrosinabbaus) Fumarat und Acetoacetat. Fumarat kann über Malat in Oxalacetat verwandelt werden und so zur Gluconeogenese dienen. Acetoacetat ist ein Ketonkörper und Phenylalanin daher eine gluco- und ketoplastische Aminosäure.

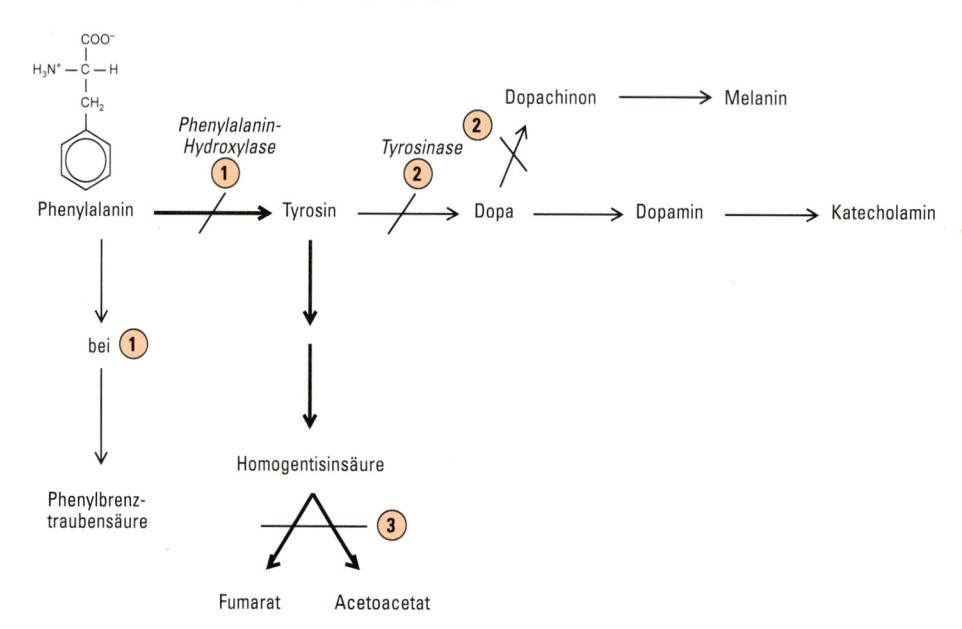

Abb. 39: Phenylalanin/Tyrosin, Stoffwechsel

1.6.1 Phenylalanin

Immer wieder wurden bislang folgende Krankheitsbilder im Zusammenhang mit dem Phenylalanin-Stoffwechsel gefragt:
- Phenylketonurie,
- Albinismus,
- Alkaptonurie.

Der **Phenylketonurie** (PKU, Häufigkeit 1 : 10 000) liegt ein **Mangel** des **Enzyms Phenylalanin-Hydroxylase** zugrunde (s. Schritt 1 in Abb. 39), das Phenylalanin in Tyrosin umwandelt (Cofaktoren hierbei sind O_2 und Tetrahydrobiopterin). Coenzym dieser Reaktion ist das Tetrahydrobiopterin. Durch verminderte Hydroxylierung des Phenylalanins zu Tyrosin kommt es zu einem Anstieg der Phenylalanin-Plasmakonzentration. Unter diesen Umständen wird ein Stoffwechselweg beschritten, der beim gesunden Menschen so gut wie gar nicht abläuft: **Phenylalanin** wird vermehrt zu **Phenylbrenztraubensäure** (Phenylpyruvat) und anderen **zytotoxischen Metaboliten** umgewandelt.

Abb. 40: Umwandlung von Fumarat zu Oxalacetat

medi-learn.de/6-bc2-40

Die Erkrankten weisen eine verminderte Intelligenz auf und neigen zu Krampfanfällen. Die **Phenylpyruvat**-Ausscheidung im **Urin** ist **erhöht**. Aufgrund der Häufigkeit der PKU wird bei Neugeborenen am 4.–5. Lebenstag der Guthrie-Test durchgeführt, mit dem zu hohe Plasma-Phenylalaninspiegel nachweisbar sind. Die **Therapie** der Phenylketonurie besteht in **phenylalaninarmer Diät**, wodurch der Ausbruch der Krankheit verhindert werden kann.

Übrigens …
Bei Vorliegen einer Phenylketonurie darf der Süßstoff Aspartam nicht verzehrt werden, da Aspartam ein Dipeptid aus Asparaginsäure und Phenylalanin ist.

Merke!
Bei einem Mangel an Phenylalanin-Hydroxylase wird Tyrosin zu einer essenziellen Aminosäure, da sie nicht mehr endogen aus Phenylalanin produziert werden kann.

Beim **Albinismus** liegt eine **Mutation der melanozytären** (Melanozyten sind Pigmentzellen der Haut) **Tyrosinase** vor. Die Tyrosinase katalysiert die Reaktion von Tyrosin zu Dopa und von Dopa zu Dopachinon (s. Schritt 2 in Abb. 39). Da die Melaninbiosynthese über diesen Stoffwechselweg erfolgt, kann bei einem Ausfall der Tyrosinase in den Melanozyten der Haut, der Haarfollikel und der Augen kein Melanin mehr gebildet werden und es kommt zum klinischen Bild des Albinismus:

Die Patienten weisen eine sehr helle und lichtempfindliche Haut sowie weiße Haare auf. Der weitläufigen Meinung widersprechend ist die Iris der Betroffenen jedoch meist blau oder grün. Der Eindruck der „roten Augen" entsteht durch die Reflektion des Lichts an der rötlichen Netzhaut, da die Iris ja kaum pigmentiert ist. Je nachdem, ob die Tyrosinase-Aktivität nur eingeschränkt oder völlig fehlend ist, tritt die Krankheit in unterschiedlichen Schweregraden auf. Eine Möglichkeit der kausalen Therapie besteht nicht.

Übrigens …
Die **Katecholamin-Biosynthese** ist bei diesen Patienten **nicht gestört**, da der Schritt Tyrosin zu Dopa außerhalb von Melanozyten durch ein anderes Enzym, die Tyrosin-Hydroxylase, katalysiert wird.

1 Aminosäuren

Bei der **Alkaptonurie** (Schwarzharn) liegt ein **Mangel des Enzyms** Homogentisinat-1,2-Dioxygenase vor, das **Homogentisinsäure** zu Fumarat und Acetoacetat **abbaut** (s. Schritt 3 in Abb. 39, S. 26). Dadurch reichert sich Homogentisinsäure im Plasma und somit auch im Urin an, der sich bei längerem Stehenlassen schwarz färbt. Im Verlauf der Krankheit kann es zu schwarzen Einlagerungen in wenig versorgtem (bradytrophem) Gewebe wie Knorpel von Ohr und Nase kommen (Ochronose). Diese Einlagerungen im Knorpel können im Alter frühzeitig zu Arthrosen und Bewegungseinschränkungen der Gelenke führen. Insgesamt ist die Alkaptonurie jedoch eine sehr seltene Krankheit. Eine Therapie, mit der die Krankheit geheilt werden kann, existiert derzeit noch nicht.

1.6.2 Tyrosin

Tyrosin ist eine proteinogene Aminosäure und kann bei gesunden Menschen durch das Enzym Phenylalanin-Hydroxylase aus Phenylalanin synthetisiert werden. Bei der Phenylketonurie (s. 1.6.1, S. 26) ist dieser Schritt gestört. Als Folge wird Tyrosin zu einer essenziellen Aminosäure.

Tyrosin ist **Synthesevorstufe** der biogenen Amine **Dopamin, Noradrenalin** und **Adrenalin**, aber auch von **Melanin** und dem Schilddrüsenhormon **Thyroxin**. Zur Synthese der biogenen Amine wird Tyrosin am Benzolring durch die Tyrosin-Hydroxylase (wie die Phenylalanin-Hydroxylase ebenfalls Tetrahydrobiopterinabhängig) zunächst hydroxyliert, wodurch Dopa entsteht. Durch **Pyridoxalphosphat-abhängige** Decarboxylierung entsteht dann das biogene Amin Dopamin, das besonders in der Substantia nigra des ZNS vorkommt.

> **Übrigens ...**
> – Im Schriftlichen wird versucht, dich Melanin mit Melatonin (s. 1.6.3, S. 30) verwechseln zu lassen. Hier ist daher besondere Vorsicht geboten.
> – Ein Mangel an Dopamin führt zur Parkinson-Krankheit.

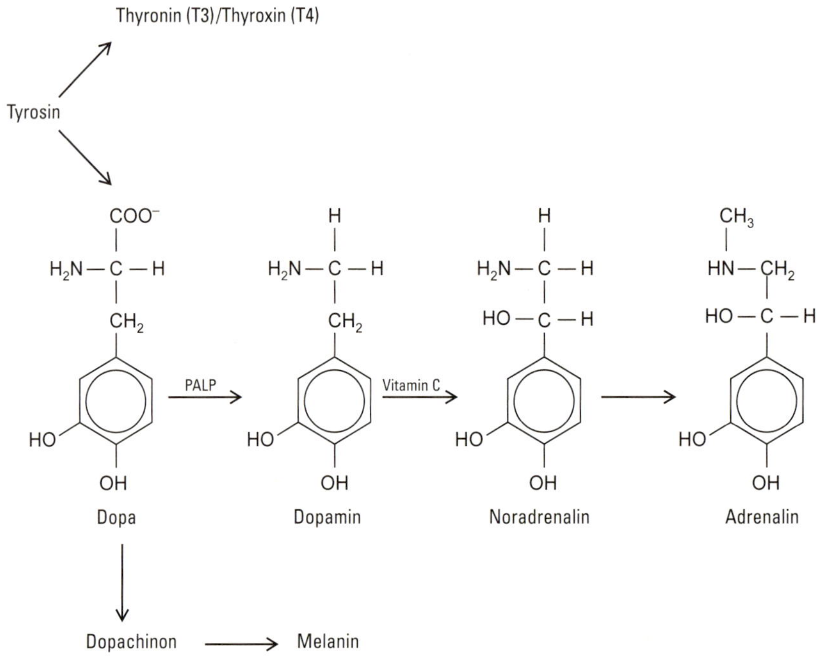

Abb. 41: Katecholaminsynthese

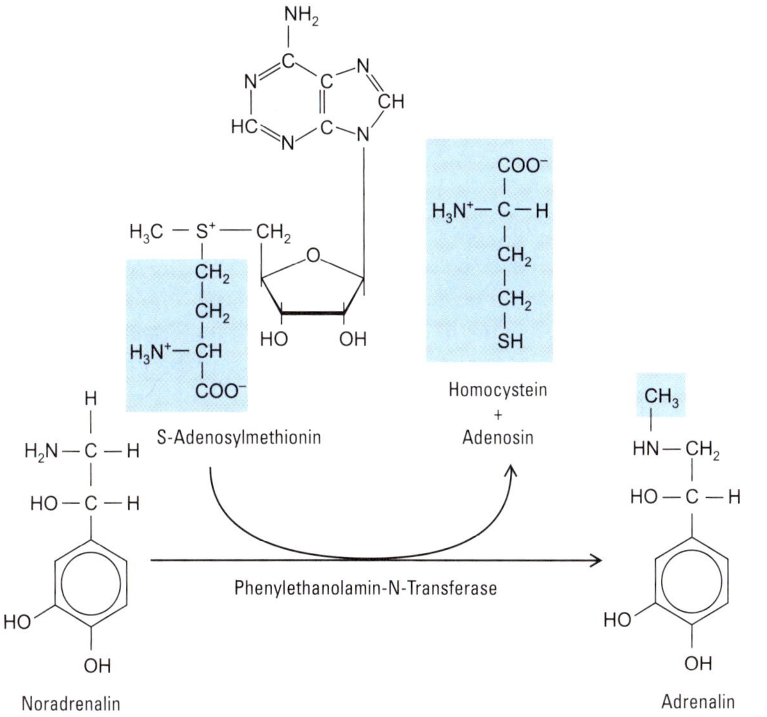

1.6.2 Tyrosin

Abb. 42: Synthese von Adrenalin aus Noradrenalin

medi-learn.de/6-bc2-42

Durch erneute – Vitamin-C-abhängige – Hydroxylierung des Dopamins gelangt man zum Noradrenalin (Norepinephrin), Methylierung des Noradrenalins führt zum Adrenalin (s. Abb. 41). Methylgruppendonator der letzten Reaktion ist das S-Adenosylmethionin, das dadurch zu S-Adenosylhomocystein umgewandelt wird (s. Abb. 42).

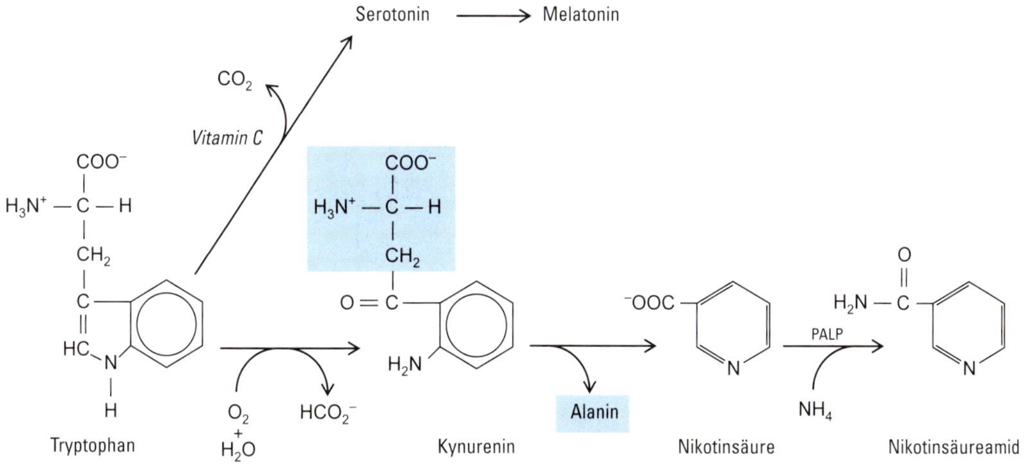

Abb. 43: Tryptophanstoffwechsel

medi-learn.de/6-bc2-43

1 Aminosäuren

Der Abbau des Noradrenalins und des Adrenalins erfolgt über die COMT (Catecholamin-O-Methyl-Transferase) und die MAO (Monoaminooxidase) zu Vanillinmandelsäure, die mit dem Urin ausgeschieden wird.

1.6.3 Tryptophan

Tryptophan ist eine essenzielle Aminosäure und Synthesevorstufe von
- Serotonin, einem biogenen Amin,
- Melatonin, einem Hormon der Epiphyse,
- Nicotinsäure, enthalten z. B. im NAD.

> **Merke!**
>
> Das Vitamin Nicotinsäureamid kann aus der essenziellen Aminosäure Tryptophan gebildet werden.

Serotonin

Aus Tryptophan entsteht durch Hydroxylierung und Decarboxylierung Serotonin. Diese Reaktion entspricht der Katecholaminsynthese aus Tyrosin (die auch eine Hydroxylierung und eine Decarboxylierung enthält) und erfolgt durch eine mischfunktionelle Oxygenase (Hydroxylierung) sowie durch eine **PALP-abhängige Decarboxylase** (s. Abb. 44).
Serotonin kommt in den enterochromaffinen Zellen des **Darms**, in den dichten Granula von **Thrombozyten** und im **ZNS** (Hypothalamus, Area postrema) vor.

Es bewirkt
- eine **Relaxation der glatten Muskulatur** im Gastrointestinaltrakt und in den Gefäßen (Ausnahme sind die kranialen Gefäße; dort führt es zur Kontraktion),
- eine Plättchenaggregation,
- **Übelkeit und Erbrechen** durch Bindung an seinen Rezeptor in der Area postrema im ZNS.

Der Abbau von Serotonin zu 5-Hydroxyindolacetat (-essigsäure) erfolgt durch eine Monoaminooxidase (MAO).

> **Übrigens ...**
> Bei serotoninproduzierenden Tumoren – den Karzinoiden – ist die 5-Hydroxyindolessigsäure-Ausscheidung im Urin erhöht.

Melatonin

Melatonin wird in der Epiphyse (Glandula pinealis) des ZNS aus Tryptophan über das Zwischenprodukt Serotonin synthetisiert. Seine Sekretion unterliegt starken circadianen (tageszeitlichen) Schwankungen, wobei die Plasmakonzentration des Melatonins tagsüber niedrig ist und abends ansteigt. Unabhängig davon, ob man schläft oder nicht, erreicht es sein Konzentrationsmaximum gegen Mitternacht. Melatonin wird für den Schlaf-Wach-Rhythmus des Körpers (circadiane Rhythmik) verantwortlich gemacht. Durch Reisen in an-

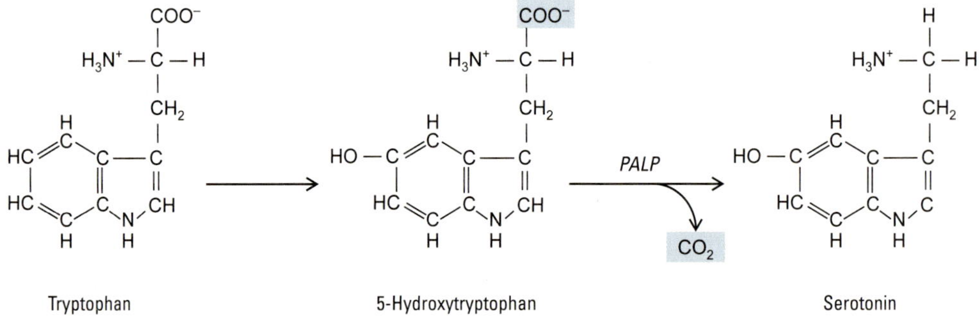

Abb. 44: Serotoninsynthese

medi-learn.de/6-bc2-44

dere Zeitzonen kann dieser Rhythmus durcheinander gebracht werden (Jetlag).

Niacin (Nicotinsäure und Nicotinamid)

Niacin ist der Oberbegriff für zwei ähnliche Verbindungen mit Vitaminwirkung: Nicotinsäure und Nicotin(säure)amid, die im Körper ineinander umgewandelt werden können. Zusammen mit Riboflavin, Folsäure und Pantothensäure ist Niacin Bestandteil des wasserlöslichen Vitamin-B-Komplexes.

In Verbindung mit Adenin spielt Niacin in Form von NAD (Nicotin-Adenin-Dinukleotid) und NADP (NAD + Phosphat) eine wichtige Rolle im Kohlenhydrat-, Fettsäure- und Eiweißstoffwechsel.

Ein Mangel an Niacin verursacht Pellagra (saure Haut), gekennzeichnet durch
– **D**ermatitis (Hautveränderung),
– **D**urchfall,
– **D**emenz.

> **Übrigens ...**
> – Man kann sich die Folgen eines Niacinmangels gut anhand der drei Ds merken.
> – Das Vitamin Nicotinsäureamid kann aus der essenziellen Aminosäure Tryptophan gebildet werden, allerdings nur mit geringer Ausbeute.

1.6.4 Histidin

Durch PALP-abhängige Decarboxylierung von Histidin entsteht das Gewebshormon Histamin.

Histamin spielt eine bedeutende Rolle bei der allergischen Reaktion. Im menschlichen Körper findet sich Histamin in vielen Geweben, z. B. der Haut, der Lunge und im Darm.

Die Freisetzung von Histamin führt zu
– Vasodilatation,
– Erhöhung der Gefäßpermeabilität,
– **Kontraktion der glatten Bronchialmuskulatur** (z. B. beim allergischen Asthma) und
– **allergischer Reaktion vom Soforttyp**.

Bei der allergischen Reaktion kommt es durch den Kontakt mit dem Allergen zur vermehrten Freisetzung von Histamin aus Mastzellen mit den typischen Folgen. Die Erhöhung der Gefäßpermeabilität führt zur Bildung von Ödemen in den Bereichen der Haut und der Schleimhäute (z. B. Quaddel nach Mückenstich). Im Extremfall bewirkt Histamin durch Vasodilatation einen starken Blutdruckabfall, was zum allergischen Schock führen kann.

1.6.5 Glutamat

Neben der herausragenden Rolle, die Glutamat als Aminogruppendonator und -akzeptor bei Transaminierungen spielt (s. 1.5.2, S. 18 und 1.5.5, S. 20), dient es sowohl als Neurotransmitter, als auch als Synthesevorstufe eines Neurotransmitters im ZNS:

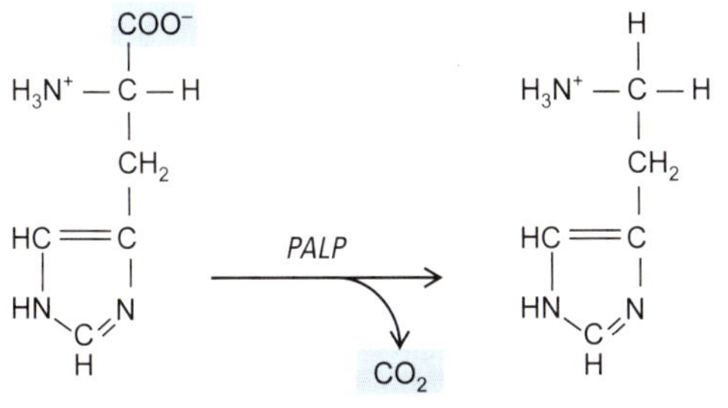

Abb. 45: Histaminsynthese *medi-learn.de/6-bc2-45*

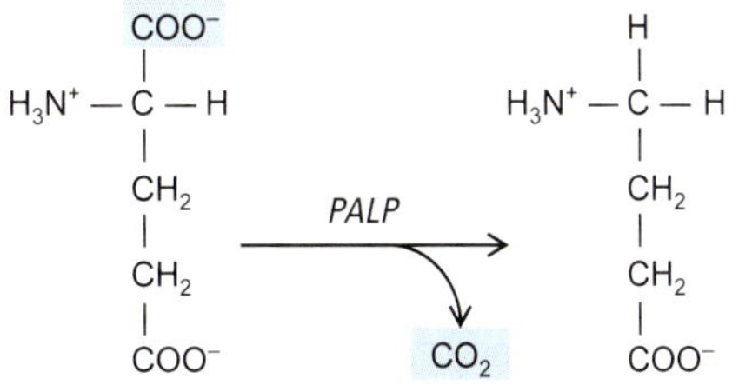

Abb. 46: GABA-Synthese *medi-learn.de/6-bc2-46*

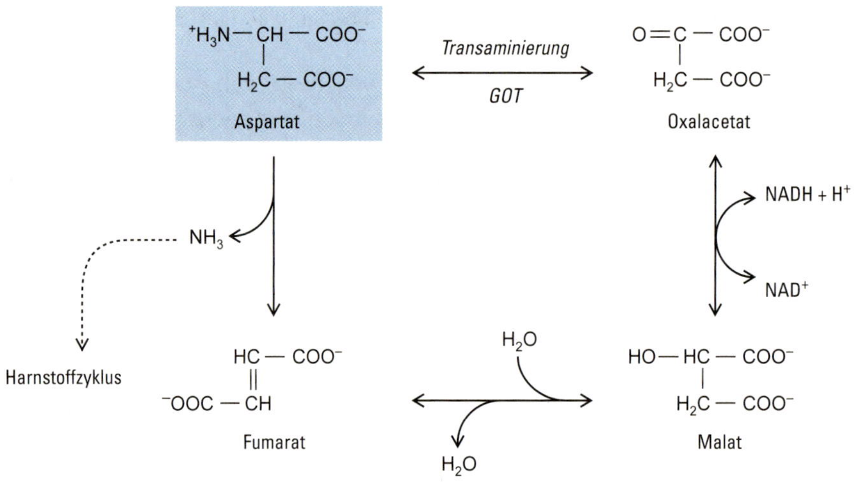

1 Aminosäuren

Abb. 47: Aspartatstoffwechsel

medi-learn.de/6-bc2-47

Das biogene Amin γ-Aminobuttersäure (GABA) wird aus Glutamat durch die Glutamat-Decarboxylase (PALP-abhängig) synthetisiert. **GABA ist neben Glycin der wichtigste inhibitorische Neurotransmitter** im zentralen Nervensystem. Die Bindung von GABA an seine Rezeptoren induziert die Öffnung eines Chlorid-Kanals. Der Einstrom von Cl⁻ in die Zelle führt zu einer Hyperpolarisierung (vertieftes Ruhepotenzial) und damit zur verminderten Erregungsleitung.

1.6.6 Aspartat

Aspartat ist eine saure Aminosäure, d. h., dass sie mehr COOH-Gruppen besitzt als NH_2-Gruppen. Aspartat kann vom Körper durch Transaminierung aus Oxalacetat synthetisiert werden (s. GOT, S. 22) und schleust den aufgenommenen Stickstoff in den Harnstoffzyklus ein (s. 1.5.5, S. 20). Da Aspartat im Stoffwechsel bei vielen Reaktionen als Stickstoffdonator oder -akzeptor mitwirkt, ist es sinnvoll, wenn du dir die Reaktionskette aus Abb. 47 einprägst.

1.6.7 Lysin/Prolin

Auch wenn im Physikum für sich genommen die basischen Aminosäuren Lysin und die heterozyklische Aminosäure Prolin kaum gefragt werden, sollen sie an dieser Stelle als wichtiger Bestandteil des Kollagens kurz angesprochen werden (s. 3.2.2, S. 45). Dabei stellt Hydroxyprolin etwa ein Drittel der im Kollagen vorkommenden Aminosäuren, ein weiteres Drittel bildet Glycin (s. a. 3.2.2, S. 45).

Die Hydroxylierung erfolgt posttranslational im endoplasmatischen Retikulum, also in der fertigen Peptidkette und ist Vitamin-C- und O_2-abhängig.

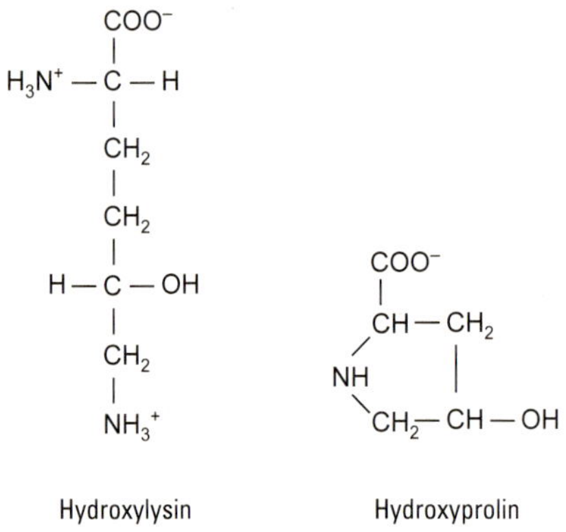

Abb. 48: Hydroxylysin und Hydroxyprolin

medi-learn.de/6-bc2-48

1.6.8 Cystein

Cystein ist eine schwefelhaftige Aminosäure. Durch oxidative Decarboxylierung entsteht aus Cystein Cysteamin, das – zusammen mit ß-Alanin, Pantoinsäure und 3'-Phospho-ADP Bestandteil von Coenzym A ist.

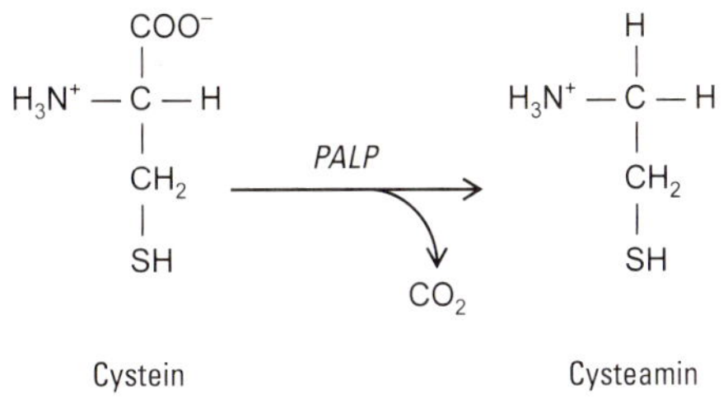

$$\text{Cystein} \xrightarrow[-CO_2]{PALP} \text{Cysteamin}$$

Abb. 49: Synthese von Cysteamin

medi-learn.de/6-bc2-49

1.6.9 Leucin, Isoleucin und Valin

Die Physikumsfragen zu diesen Aminosäuren betreffen die **Ahornsirup-Krankheit**. Dabei handelt es sich um eine autosomal-rezessiv vererbte Erkrankung (Häufigkeit ca. 1 : 200 000), bei der ein Protein des 2-Ketosäuren-Dehydrogenase-Komplexes vermindert synthetisiert wird. Dadurch wird der Abbau dieser verzweigtkettigen Aminosäuren behindert und es kommt zur Anreicherung von Leucin, Isoleucin und Valin.

Die Symptome dieser Erkrankung zeigen sich bereits in den ersten Lebenstagen: Der Säugling verweigert die Nahrungsaufnahme, ist teilnahmslos, es kommt zu Hypoglykämien, Krampfanfällen und Koma mit schweren bleibenden Hirnschäden. Der Name Ahornsirup-Krankheit stammt von dem typischerweise nach Ahornsirup oder verbranntem Zucker riechenden Urin. Die Akuttherapie besteht in komplett eiweißfreier Ernährung und Dialyse, um die giftigen Substanzen aus dem Körper zu eliminieren. Die Langzeittherapie besteht in der Vermeidung von Nahrungsmitteln mit verzweigtkettigen Aminosäuren. Unbehandelt verläuft die Erkrankung tödlich.

DAS BRINGT PUNKTE

Auch beim **Stoffwechsel der Aminosäuren** gibt es einige Fakten, die das Punkten während des Physikums erleichtern. Du solltest dir vor allem merken, an welchen Reaktionen **Pyridoxalphosphat (PALP)** beteiligt ist:
- Transaminierungen,
- Decarboxylierungen,
- δ-Aminolävulinsäure-Synthese.

Die wichtigen **Transaminierungsreaktionen** sind die
- GPT: In ihr entsteht Alanin durch Transaminierung aus Pyruvat.
- GOT: In ihr entsteht Aspartat durch Transaminierung aus Oxalacetat.

Freies Ammoniak kann in der Glutamat-Dehydrogenase-Reaktion direkt gebunden werden bei der Bildung von Glutamat aus α-Ketoglutarat.

Für den **Harnstoffzyklus** ist wichtig, sich zu merken, dass
- die eine Aminogruppe des Harnstoffs aus freiem Ammoniak stammt (im Unterschied zur Pyrimidinsynthese, s. Skript Biochemie 4), die andere aus Aspartat und
- der Harnstoffzyklus im Mitochondrium und im Zytosol der Leber stattfindet und dass die beiden nichtproteinogenen Aminosäuren Ornithin und Citrullin während des Harnstoffzyklus die Mitochondrienmembran überqueren.

Die **Bildung biogener Amine** aus Aminosäuren ist sehr wichtig und fast unter Garantie mindestens eine Frage im schriftlichen Physikum.

Darum an dieser Stelle eine kleine Zusammenstellung der Aminosäuren, aus denen biogene Amine gebildet werden:

Aminosäure	Zwischenstufe	biogenes Amin
Phenylalanin	Tyrosin ↓ Dopa	– Dopamin – Noradrenalin – Adrenalin
Glutamat		GABA
Histidin		Histamin
Tryptophan	Hydroxytryptophan	Serotonin
Tyrosin		Tyramin (bei Bakterien)
Cystein		Cysteamin

Tab. 3: Biogene Amine

In der Tabelle sind bei Phenylalanin und Tryptophan noch die Zwischenstufen auf dem Weg zum biogenen Amin mit aufgeführt, denn hier lauern im schriftlichen Physikum Gefahren.
- Z. B. wird hin und wieder behauptet, dass Dopamin direkt durch Decarboxylierung aus Tyrosin entstünde, was natürlich nicht stimmt, da es über die Zwischenstufe Dopa entsteht.
- Weiterhin solltest du wissen, dass Serotonin in den enterochromaffinen Zellen des Darms, in den dichten Granula von Thrombozyten und im ZNS (Hypothalamus, Area postrema) vorkommt.

DAS BRINGT PUNKTE

Da die **Phenylketonurie** häufig im Physikum auftaucht, sind hier noch einmal die wesentlichen Fakten zu diesem Krankheitsbild zusammengefasst:
- Anstieg der Phenylalanin-Plasmakonzentration,
- erhöhte Ausscheidung von Phenylpyruvat im Urin,
- verminderte Aktivität der Phenylalanin-Hydroxylase,
- Tyrosin wird essenziell, es muss mit der Nahrung zugeführt werden, Folgen der PKU sind geistige Retardierung und Neigung zu Krampfanfällen und
- Therapie ist die phenylalaninarme Ernährung.

FÜRS MÜNDLICHE

Das war ein umfangreiches Kapitel über die verschiedenen Stoffwechselwege im Körper. Mit den folgenden Fragen kannst du das Gelernte nun überprüfen:

1. Erklären Sie bitte an, welchen Reaktionen PALP beteiligt ist.

2. Bitte erläutern Sie, was man unter Transaminierung versteht und welchen Zweck sie hat. Welche beiden wichtigen Transaminierungsreaktionen kennen Sie?

3. Bitte erklären Sie, in welchen Kompartimenten der Zelle der Harnstoffzyklus stattfindet und welche Moleküle die Membran überqueren.

4. Erläutern Sie bitte, aus welchen Molekülen der Stickstoff im Harnstoffzyklus stammt.

5. Bitte erklären Sie, aus welchen Aminosäuren welche biogenen Amine entstehen und über welche Zwischenstufen dies geschieht.

6. Bitte erklären Sie, wann es zur Phenylketonurie kommt und welche Laborparameter im Serum und Urin erhöht sind. Bitte erläutern Sie die Therapie der PKU.

---

1. Erklären Sie bitte, an welchen Reaktionen PALP beteiligt ist.
PALP ist ein Coenzym und an
- Decarboxylierungen,
- Transaminierungen und der
- δ-Aminolävulinsäure-Synthese beteiligt.

2. Bitte erläutern Sie was, man unter Transaminierung versteht und welchen Zweck sie hat. Welche beiden wichtigen Transaminierungsreaktionen kennen Sie?
Transaminierung ist die reversible Übertragung der α-Aminogruppe von einer Aminosäure A auf eine α-Ketosäure B. Bei der Reaktion entstehen eine neue α-Ketosäure A und eine neue Aminosäure B. Auf diesem Weg kann der Körper neue, nichtessenzielle Aminosäuren aufbauen. Die beiden wichtigsten Transaminierungen sind die
- GPT: Glutamat-Pyruvat-Transaminase-Reaktion zur Bildung von Alanin und die
- GOT: Glutamat-Oxalacetat-Transaminase-Reaktion zur Bildung von Aspartat.

FÜRS MÜNDLICHE

3. Bitte erklären Sie, in welchen Kompartimenten der Zelle der Harnstoffzyklus stattfindet und welche Moleküle die Membran überqueren.

Die ersten beiden Schritte des Harnstoffzyklus finden im Mitochondrium statt, die restlichen im Zytosol. Als Shuttle über die Mitochondrienmembran dienen die beiden nichtproteinogenen Aminosäuren Citrullin und Ornithin.

4. Erläutern Sie bitte, aus welchen Molekülen der Stickstoff im Harnstoffzyklus stammt.

Stickstofflieferanten im Harnstoffzyklus sind:
- freies Ammoniak und
- die Aminogruppe von Aspartat.

5. Bitte erklären Sie, aus welchen Aminosäuren welche biogenen Amine entstehen und über welche Zwischenstufen dies geschieht.
Siehe Tab. 3, S. 34.

6. Bitte erklären Sie, wann es zur Phenylketonurie kommt und welche Laborparameter im Serum und Urin erhöht sind. Bitte erläutern Sie die Therapie der PKU.

Der Phenylketonurie liegt ein Mangel des Enzyms Phenylalaninhydroxylase zugrunde, das Phenylalanin in Tyrosin umwandelt. Durch verminderte Hydroxylierung des Phenylalanins zu Tyrosin kommt es zu einem Anstieg der Phenylalanin-Plasmakonzentration. Phenylalanin wird dadurch vermehrt zu Phenylbrenztraubensäure (Phenylpyruvat) und anderen zytotoxischen Metaboliten umgewandelt. Außerdem ist die Phenylpyruvat-Ausscheidung im Urin erhöht.

Die Therapie der Phenylketonurie besteht in phenylalaninarmer Diät, wodurch der Ausbruch der Krankheit verhindert werden kann.

Pause

Päuschen gefällig?
Die hast du dir verdient!

2 Peptide

Fragen in den letzten 10 Examen: 8

Peptide entstehen durch Knüpfung von Peptidbindungen zwischen Aminosäuren. Sind auf diese Weise bis zu zehn Aminosäuren miteinander verbunden, spricht man von Oligopeptiden, zwischen zehn und 100 Aminosäuren von Polypeptiden und ab 100 Aminosäuren von Proteinen. Während die Proteine und Enzyme in den Kapiteln 3 und 4 besprochen werden, befasst sich dieser Abschnitt also mit der Struktur und Funktion der prüfungsrelevanten kleineren Peptide.

Die durch Peptidbindungen miteinander verknüpften α-C-Atome bilden das Rückgrat des Proteins, aus dem die Seitenketten wie kleine Ästchen hervorstehen und dem Protein seine charakteristischen Eigenschaften verleihen.

2.1 Peptidbindung

Reagieren die Aminogruppe einer Aminosäure und die Carboxylgruppe einer anderen Aminosäure unter Abspaltung von Wasser miteinander, entsteht eine Peptidbindung. Das Reaktionsgleichgewicht liegt dabei auf der linken Seite (Seite der Edukte), sodass der Aufbau der Peptidbindung – z. B. in der Translation – nur unter Energieaufwand möglich ist. Die hydrolytische Spaltung der Peptidbindung läuft dagegen freiwillig ab (enzymkatalysiert). Die Verknüpfung der Peptidbindung erfolgt am Ribosom durch Verbindung der freien NH_2 Gruppe von Aminosäure 2 mit der veresterten Carboxylgruppe von Aminosäure 1.

In dieser Abfolge von Aminosäuren (Sequenz = Primärstruktur, s. a. 3.2.1, S. 45), die durch Peptidbindungen miteinander verknüpft sind, verfügt die erste Aminosäure der Polypeptidkette noch über ihre vollständige Aminogruppe (NH_2), da diese nicht an einer Peptidbindung beteiligt ist. Man bezeichnet dieses Ende der Kette als das **N-terminale Ende**. Analog dazu besitzt die letzte Aminosäure noch die vollständige Carboxylgruppe (COOH). Dieses Ende heißt deshalb **C-terminales Ende**.

Durch Spaltung unter Wasseraufnahme (Hydrolyse) lässt sich die Peptidbindung zwischen den Aminosäuren (durch Peptidasen) wieder spalten. Ein Beispiel hierfür sind Serinproteasen, die mit ihrer OH-Gruppe das C-Atom der zu spaltenden Peptidbindung angreift (nukleophil).

Da die Atome, die an der Peptidbindung beteiligt sind, in einer Ebene liegen, ist die Peptidbindung **NICHT frei drehbar**. Ursache hierfür ist eine Elektronenverschiebung: Die Elektronen wandern vom Stickstoff weg und zur C-N-Bindung hin, wodurch die Peptidbindung den Charakter einer partiellen Doppelbindung er-

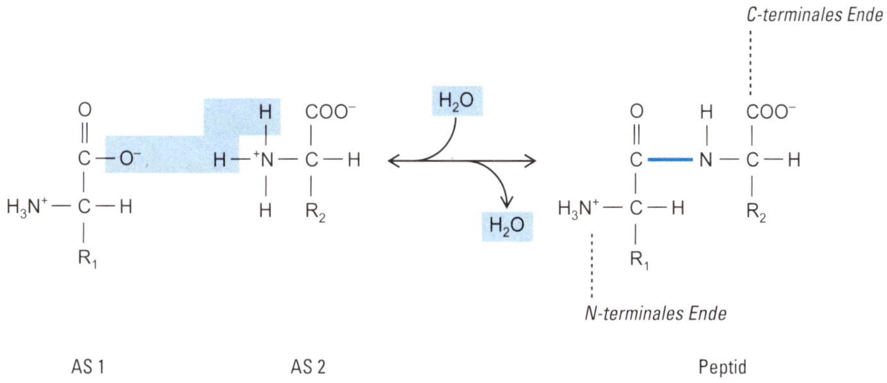

Abb. 50: Peptidbindung

2 Peptide

Abb. 51: Peptidbindungen im Oligopeptid
medi-learn.de/6-bc2-51

hält. Durch diese zweite Bindung wird die Verbindung zwischen dem Kohlenstoff und dem Stickstoff stabilisiert und eine freie Drehung ist nicht mehr möglich.

Abb. 52: Mesomerie der Peptidbindung
medi-learn.de/6-bc2-52

2.2 Glutathion

Ein immer wieder im Physikum auftauchendes Oligopeptid ist das Glutathion. Es besteht aus den drei Aminosäuren
- **Glutamat** (Glu),
- **Cystein** (Cys),
- **Glycin** (Gly).

Die Besonderheit an der Peptidbindung zwischen Glutamat und Cystein ist, dass das Glutamat mit der γ-**COOH-Gruppe** beteiligt ist und nicht, wie normalerweise, mit dem α-C-Atom.

Glutathion besitzt durch das Cystein eine freie Thiolgruppe (SH-Gruppe). **Durch Reaktion der Thiolgruppen zweier Glutathionmoleküle kann** aufgrund der Reaktionsfreudigkeit dieser Gruppen **sehr leicht ein Disulfid entstehen**. Bei der Reaktion werden zwei Elektronen und Wasserstoff auf z. B. Wasserstoffperoxid (H_2O_2) übertragen (Elektronenakzeptor) und es entstehen zwei Moleküle Wasser (H_2O).

Abb. 53: Glutathion
medi-learn.de/6-bc2-53

Wasserstoffperoxid würde ohne die reduzierenden Eigenschaften des Glutathions mit anderen Zellstrukturen reagieren und z. B. an der DNA oder an Enzymen erheblichen Schaden

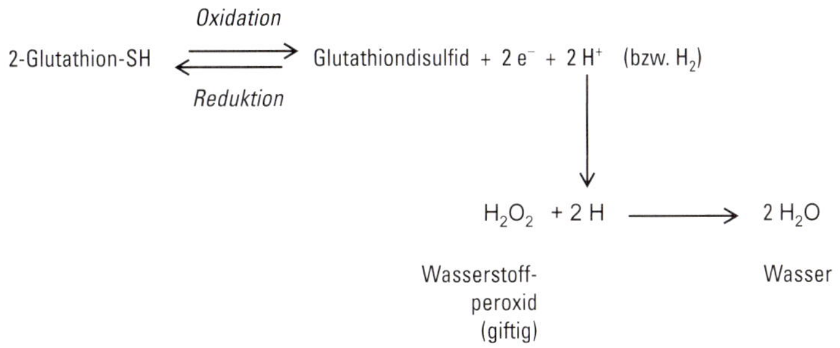

$$2\text{-Glutathion-SH} \underset{\text{Reduktion}}{\overset{\text{Oxidation}}{\rightleftarrows}} \text{Glutathiondisulfid} + 2\,e^- + 2\,H^+ \quad (\text{bzw. } H_2)$$

$$H_2O_2 + 2\,H \longrightarrow 2\,H_2O$$

Wasserstoffperoxid (giftig) → Wasser

Abb. 54: Glutathiondisulfid *medi-learn.de/6-bc2-54*

anrichten. Da der Sauerstoffpartialdruck in **Erythrozyten** sehr hoch ist, und so H_2O_2 leicht entsteht, kommt **Glutathion** dort in besonders **hoher Konzentration** vor. Für die Synthese von Glutathion wird ATP benötigt (mehr dazu s. Skript Biochemie 6). Gekoppelt an Arachidonsäure ist Glutathion Bestandteil von Leukotrien C4.

2.3 Hormone

Auch einige Hormone im Körper sind aus Aminosäuren aufgebaut. Diese Peptidhormone weisen alle Charakteristika von normalen Peptiden auf, sind aber meist wesentlich kleiner. Die prüfungsrelevanten Vertreter von ihnen sind
- Oxytocin mit 9 AS,
- Vasopressin mit 9 AS,
- ACTH mit 39 AS,
- Insulin mit 51 AS,
- Glukagon mit 29 AS.

Übrigens …
Bei manchen Erkrankungen wird im Rahmen der Diagnostik die Molekülmasse von Polypeptiden z. B. im Urin bestimmt. Dazu dient die **SDS-P**olyacrylamid-**G**el**e**l**e**ktrophorese (SDS-PAGE). Hierbei werden Proteine in einem Acrylamid-Gel der Größe nach aufgetrennt und mit einem standardisierten Marker verglichen. Auf diese Weise kann z. B. eine vermehrte Immunglobulin-Synthese nachgewiesen und damit der Verdacht auf ein Plasmozytom bestätigt werden.

3 Proteine

📊 Fragen in den letzten 10 Examen: 4

Kommen wir nun also zu den größeren, aus Aminosäuren bestehenden Molekülen, nämlich den Proteinen. Auf die ebenfalls großen Enzyme musst du leider noch bis Kapitel 4, S. 51 warten. Zwischen diesen beiden Substanzklassen gibt es einen wesentlichen Unterschied, weshalb sie auch in zwei unterschiedlichen Kapiteln abgehandelt werden: ihre Funktion. Proteine werden unterteilt in Strukturproteine und Funktionsproteine. Die Enzyme gehören zu den Funktionsproteinen.

Das Proteinkapitel behandelt nur die Strukturproteine. Doch zunächst kommen wieder einige trockene, aber wichtige chemische Grundlagen.

3.1 Bindungstypen

Wenn man einen Tisch bauen will, ist es wichtig zu wissen, welche Möglichkeiten es gibt, die Bretter miteinander zu verbinden; ob mit Nägeln, Schrauben oder Ähnlichem, damit das Produkt auch aussieht wie ein Tisch und nicht auseinander fällt. Aus diesem Grund ist es für Medizinstudenten leider auch notwendig, die – zugegebenermaßen eher langweiligen – chemischen Bindungstypen innerhalb eines Proteins und zwischen den Proteinen zu kennen, um zu verstehen, warum und wie ein Protein funktioniert. Besonders wichtig ist dieses Verständnis nämlich gerade dann, wenn ein Enzym nicht mehr funktioniert, also im Krankheitsfall.

Dieses Kapitel beschäftigt sich daher (so kurz wie möglich, aber so lang wie nötig) mit den intra- und intermolekularen Anziehungskräften von Proteinen. Im Einzelnen sind dies die

– Wasserstoffbrückenbindungen,
– hydrophoben Bindungen,
– van-der-Waals-Kräfte,
– Disulfidbindungen,
– Ionenbeziehungen.

3.1.1 Wasserstoffbrückenbindungen

Wasserstoffbrückenbindungen gehören zu den häufigsten Bindungen in der Natur. Um diesen Bindungstyp zu verstehen, muss zunächst der Begriff der Elektronegativität klar sein:

> **Merke!**
>
> Die Elektronegativität beschreibt das Maß des Bestrebens eines Atoms, in einem Molekül die Bindungselektronen an sich zu ziehen.

Stark **elektronegative** Elemente haben die Tendenz zur **Aufnahme von Elektronen** (hohe Elektronenaffinität), Atome mit sehr **niedriger Elektronegativität geben** Elektronen relativ leicht **ab** (niedrige Elektronenaffinität). Je höher der Unterschied in der Elektronegativität der gebundenen Elemente, desto polarer ist die Bindung zwischen ihnen.

> **Merke!**
>
> – Die Elektronegativität nimmt innerhalb einer Periode von links nach rechts zu.
> – Die Elektronegativität nimmt innerhalb der Hauptgruppen von oben nach unten ab.

Wasserstoffbrückenbindungen treten immer dort auf, wo ein Wasserstoffatom (niedrige Elektronegativität) an ein stark elektronegatives Atom (meist Stickstoff oder Sauerstoff) kovalent gebunden ist (-OH oder -NH). Dadurch bekommt das Wasserstoffatom eine positive Teilladung. Nähert sich nun ein weiteres elektronegatives Atom (wie z. B. O), kommt es zu Wechselwirkungen zwischen dem positiven Wasserstoff und dem zweiten negativen Atom.

Abb. 55: Wasserstoffbrückenbindung

medi-learn.de/6-bc2-55

> **Merke!**
>
> Die Wasserstoffbindung ist keine „echte" (kovalente) Bindung, sondern beruht auf leichten Anziehungskräften zwischen einem positiven (z. B. Wasserstoff) und reinem negativen (z. B. Sauerstoff) Bindungspartner.

Zum Vergleich (muss NICHT auswendig gelernt werden): Zur Spaltung einer Wasserstoffbrückenbindung benötigt man etwa 21–42 kJ/mol (Bindungsenergie), wogegen die Bindungsenergie einer echten, kovalenten Einfachbindung 210–420 kJ/mol beträgt, also zehnmal größer ist. Da aber Proteine sehr viele Wasserstoffbrückenbindungen besitzen, ist dieser Bindungstyp einer der wichtigsten in biologischen Systemen s. Abb. 55 (die Menge macht es). Der Vorteil dieser leichten Spaltbarkeit der Wasserstoffbrückenbindungen ist, dass das Protein seine Flexibilität behält, was zu Regulationszwecken ausgenutzt wird: Durch Konformationsänderung kann z. B. die Aktivität eines Proteins beeinflusst werden (s. 4.7.5, S. 62).

3.1.2 Hydrophobe Bindungen/Wechselwirkungen

Elementare Grundlage zum Verständnis der hydrophoben Bindungen ist die bekannte **Faustregel: Gleiches löst sich in Gleichem,** umgangssprachlich auch bekannt unter Gleich und Gleich gesellt sich gern. Dieser Regel entsprechend lösen sich polare Gruppen gut in dem ebenfalls polaren Lösungsmittel Wasser. Sie werden daher als hydrophil (wasserliebend; -phil = liebend) bezeichnet.

Im Gegensatz dazu lösen sich Moleküle, die zu einem Großteil aus unpolaren C-H-Gruppen bestehen, sehr schlecht in Wasser und werden als hydrophob (wasserabweisend; Phobie = Angst) oder als lipophil (fettliebend) bezeichnet. Wird nun eine hydrophobe Substanz (z. B. Öl) mit einem hydrophilen Lösungsmittel (z. B. Wasser) gemischt, lagern sich die hydrophoben Teilchen zusammen (Öltropfen), um so – durch die Verringerung ihrer Oberfläche – einen möglichst geringen Kontakt zum Lösungsmittel herzustellen; die Substanz hat eben wirklich Angst vor dem Wasser.

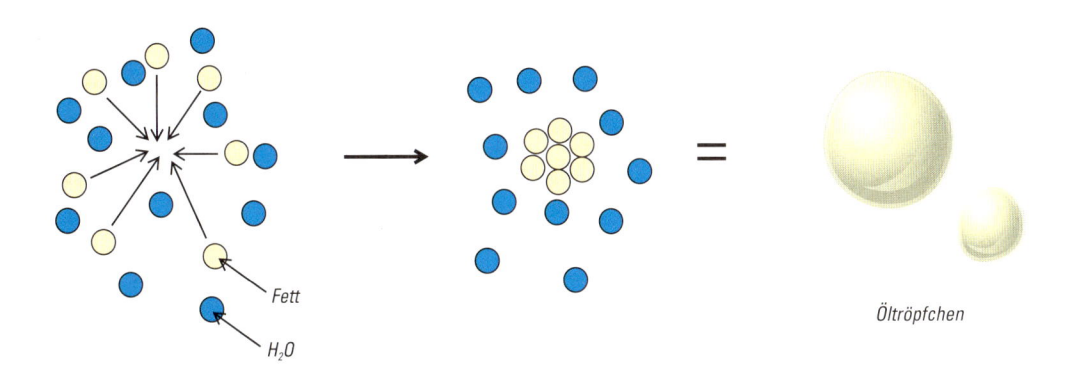

Abb. 56: Hydrophobe Wechselwirkungen

medi-learn.de/6-bc2-56

3 Proteine

Wie in Kapitel 1.3.2, S. 8 bereits erwähnt, unterscheidet man auch bei den Aminosäuren zwischen polaren (hydrophilen) und unpolaren (hydrophoben) Vertretern.

Da die Zelle zu einem großen Teil aus Wasser besteht, lagern sich die unpolaren Gruppen von Aminosäuren nach dem Einbau in ein Protein möglichst weit vom Wasser entfernt zusammen, nämlich in der Mitte des Proteins. Dadurch kommen die hydrophilen Aminosäurereste nach außen zu liegen. Sie haben direkten Kontakt mit dem Wasser und vermitteln so die Löslichkeit von Proteinen.

Die große Bedeutung hydrophober Wechselwirkungen wird dir klar, wenn du die Lipide der biologischen Zellmembran betrachtest. Diese Phospholipide sind eine besondere Form von Lipiden, die einen polaren hydrophilen Kopfteil (wasseranziehend) und einen – aus zwei langen hydrophoben Fettsäureketten bestehenden – apolaren (wasserabweisenden) Schwanzteil besitzen. Die Phospholipidmoleküle sind damit **amphiphil**, d. h., dass sie an ihren beiden Molekülenden entgegengesetzte Eigenschaften haben.

Die Frage, die sich einem hierbei aufdrängt ist: Warum so kompliziert? Könnte man die Membran nicht einfach aus gleichen Bestandteilen, z. B. nur hydrophilen oder nur hydrophoben Bausteinen, zusammensetzen?

Die Antwort ergibt sich, wenn du dir eine Membran aus nur hydrophilen Molekülen vorstellst, z. B. eine Zellmembran aus Zucker.

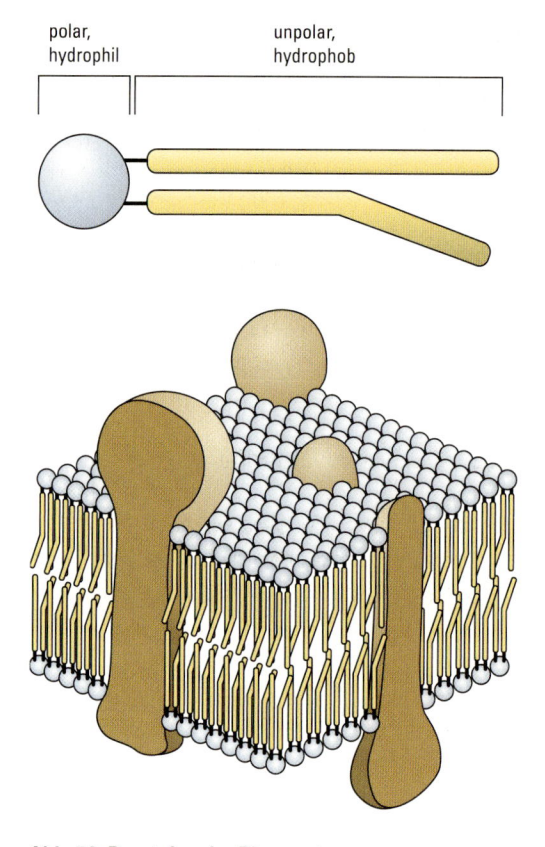

Abb. 58: Bausteine der Biomembran

medi-learn.de/6-bc2-58

In Verbindung mit Wasser würde sie sich einfach auflösen. Ähnlich unpraktisch wäre eine Zellmembran komplett aus hydrophoben Molekülen (z. B. Fett). Sie würde sich in Wasser, wie oben bereits für Öl beschrieben, zu einem großen Tropfen zusammenlagern.

● = hydrophile AS
○ = hydrophobe AS

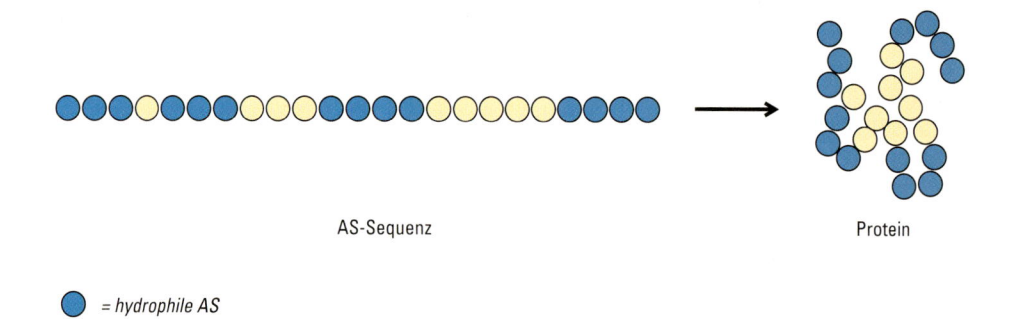

Abb. 57: Hydrophobe Wechselwirkung in der Peptidkette

medi-learn.de/6-bc2-57

3.1.3 Van-der-Waals-Kräfte

Eine Zellmembran, deren Moleküle jedoch sowohl aus einem hydrophilen als auch einem hydrophoben Teil bestehen, kann sich im Wasser so zusammenlagern, dass die wasserliebenden Enden der Moleküle nach außen zum Wasser zeigen, die fettliebenden Enden jedoch nach innen. Aufgrund der Tatsache, dass die hydrophoben Abschnitte auf keinen Fall mit Wasser in Berührung kommen „wollen", ergibt sich ihre hohe Stabilität.

3.1.3 Van-der-Waals-Kräfte

Van-der-Waals-Kräfte sind im Vergleich zu kovalenten Bindungen ebenfalls eher schwache Bindungen. Dieser Bindungstyp tritt zwischen Molekülen auf, die kein Dipolmoment besitzen. Zur Erklärung der Van-der-Waals-Kräfte ist das Verständnis der Elektronenbewegungen um den Atomkern wichtig, die wohl am besten mit der Bewegung der Planeten um die Sonne zu vergleichen sind:

Normalerweise wandern die Planeten unseres Sonnensystems (negativ geladene Elektronen) auf regelmäßigen Bahnen um die Sonne (positiv geladener Atomkern) herum.

Jetzt kann es aber sein, dass von den neun Planeten (negative Elektronen) zu irgendeinem Zeitpunkt (Sonnenfinsternis) mehr als die Hälfte auf der gleichen Seite der Sonne (des positiven Atomkerns) sind. Zu diesem – sehr kurzen – Zeitpunkt hat also das Sonnensystem (unser Atom) auf der rechten Seite einen Planetenüberschuss (Elektronenüberschuss, negative Teilladung), obwohl es sonst gleichmäßig von Planeten umgeben ist (Atom ist sonst ungeladen). Diese zeitlich begrenzte Teilladung reicht allerdings aus, um ein in der Nähe befindliches Sonnensystem (anderes Atom) anzuziehen und kurz zu binden.

Zum Glück sind die Planeten in Wirklichkeit keine Elektronen.

Abb. 59: Elektronenmodell, ungeladen   *medi-learn.de/6-bc2-59*

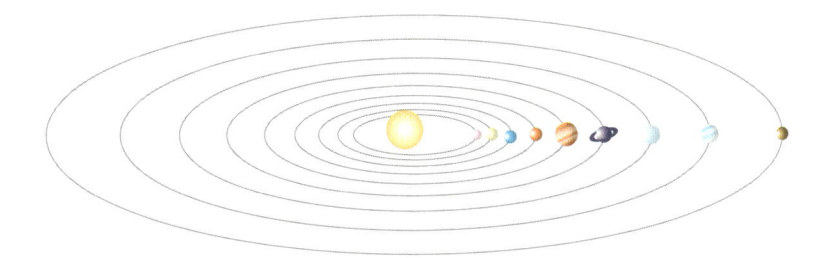

Abb. 60: Elektronenmodell, geladen   *medi-learn.de/6-bc2-60*

Also zurück zu den Verhältnissen innerhalb der Moleküle und hin zu den Van-der-Waals-Kräften: Durch die Elektronenbewegungen um den Atomkern kommt es zu einem Zeitpunkt zufällig zu einer ungleichmäßigen Verteilung der zugehörigen Elektronen. Befinden sich so mehr Elektronen, und damit mehr negative Ladung auf einer Seite des Atoms, wird dieses kurzfristig zu einem Dipol (temporärer Dipol), da die gegenüberliegende Seite des Atoms in dieser Zeit einen Elektronenmangel (positive Teilladung) hat.

Kommen sich nun zwei Atome/Moleküle in dieser Zeit nahe genug, ziehen sich die temporären Dipole gegenseitig mithilfe der Van-der-Waals-Kräfte an:

Abb. 61: Anziehung temporärer Dipole

medi-learn.de/6-bc2-61

Trifft ein temporärer Dipol auf ein Molekül, das keine Teilladung besitzt, kann der Dipol in dem Nichtdipolmolekül einen zu seiner Teilladung entgegengesetzten Dipol induzieren (hervorrufen), wodurch zwischen den beiden ebenfalls wieder Van-der-Waals-Kräfte wirken, mit denen sie sich anziehen:

Abb. 62: Induktion eines Dipols

medi-learn.de/6-bc2-62

In beiden Fällen ist die Voraussetzung für eine Van-der-Waals-Bindung, dass sich zwei Atome/Moleküle sehr nahe kommen. Das ist umso unwahrscheinlicher, je schneller sich die Moleküle bewegen, je höher also ihre kinetische Energie ist. Da die kinetische Energie proportional zu der Temperatur ansteigt, **nehmen die Van-der-Waals-Kräfte mit steigender Temperatur ab**, was u. a. zur Folge hat, dass ein Festkörper bei steigender Temperatur flüssig wird.

3.1.4 Disulfidbindungen

Disulfidbindungen sind die wichtigsten echten (kovalenten) Bindungen zwischen den Seitenketten von Aminosäuren. Sie leisten einen entscheidenden Beitrag zur Stabilisierung der Tertiärstruktur von Proteinen und entstehen durch Oxidation zweier Cysteinreste (s. 1.3.2, S. 8), die entweder zu zwei verschiedenen oder zu derselben Aminosäurenkette gehören können: Cys-S-S-Cys.

3.1.5 Ionenbeziehungen/Ionenbindungen

Oft wird die Konformation des Proteins auch durch Ionenbeziehungen zwischen unterschiedlich geladenen Gruppen von Aminosäuren stabilisiert. Zu den negativ geladenen Gruppen, die an solchen Ionenbindungen teilnehmen, gehört z. B. die γ-Carboxylgruppe von Glutamat, zu den positiv geladenen Gruppen z. B. die zweite Aminogruppe der basischen Aminosäuren Arginin und Lysin.

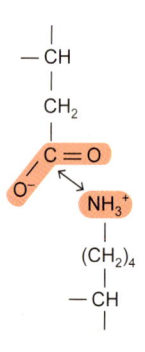

Abb. 63: Ionenbindung *medi-learn.de/6-bc2-63*

Übrigens …
Da sich mit dem pH-Wert die Ladung der Carboxyl- und Aminogruppen ändert, sind Ionenbeziehungen durch eine starke pH-Abhängigkeit gekennzeichnet.

3.2 Struktur der Proteine

Die chemischen Formeln sind damit erledigt und du darfst dich endlich den Proteinen zuwenden. Proteine bestehen aus vielen Aminosäuren und jedes Protein besitzt eine charakteristische Struktur, seine **Konformation**. Bei der Ausbildung der folgenden Konformationen finden alle eben besprochenen Bindungstypen ihre Anwendung. Man gliedert die Konformationen in:
- Primärstruktur (Aminosäuresequenz),
- Sekundärstruktur (dreidimensionale Anordnung der Primärstruktur als α-Helix oder β-Faltblatt),
- Tertiärstruktur (dreidimensionale Faltung der Sekundärstrukturen),
- Quartärstruktur (dreidimensionale Anordnung mindestens zweier Tertiärstrukturen).

3.2.1 Primärstruktur

Unter der Primärstruktur eines Proteins versteht man seine **Aminosäuresequenz**. Man kann sie mit der Anordnung der einzelnen Perlen in einer Kette vergleichen.

> **Merke!**
>
> Die Primärstruktur wird bei der Translation festgelegt und bestimmt die weitere Ausbildung aller übrigen Strukturen höherer Ordnung (Sekundär-, Tertiär- und Quartärstruktur).

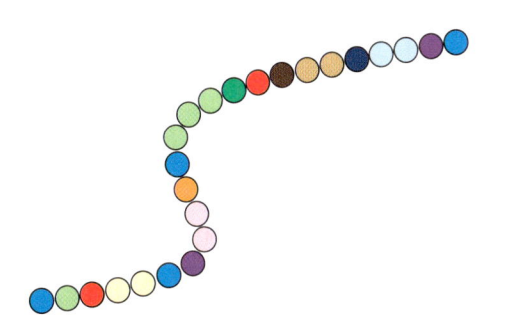

Abb. 64: Primärstruktur   medi-learn.de/6-bc2-64

3.2.2 Sekundärstruktur

Die Sekundärstruktur ist die – nach der Primärstruktur – nächsthöhere Organisationsform von Proteinen. Sie entsteht dadurch, dass Wasserstoffbrückenbindungen zwischen –C=O (Carbonyl-) und NH_2-(Amid-)Gruppen der Hauptkette ausgebildet werden. Die Aminosäuresequenz verläuft hier immer noch gestreckt, hat aber eine größere räumliche Ausdehnung. Dabei entstehen die beiden in der Sekundärstruktur vorkommenden Konformationen
- α-Helix (Abb. 65 a) und
- β-Faltblatt (Abb. 65 b, S. 46).

Ob sich α-Helix- oder β-Faltblatt-Strukturen ausbilden, wird durch die Reihenfolge der Aminosäuren in der Sequenz (Primärstruktur) bereits vorgegeben. Das „α-" bzw. „β-" bezieht sich auf die Reihenfolge der Entdeckung dieser Sekundärstrukturen.

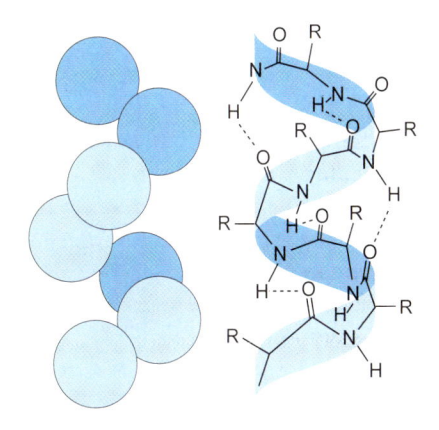

Abb. 65 a: α-Helix   medi-learn.de/6-bc2-65a

α-Helix

Für die Ausbildung der α-Helix sind Wasserstoffbrücken essenziell. Sie bilden sich innerhalb eines Proteins zwischen dem Wasserstoff der α-Aminogruppe einer Aminosäure und der Carbonylgruppe der vierten darauf folgenden Aminosäure aus. Die Seitenketten der Aminosäuren ragen nach außen. An einer 360°-Wendung sind dabei klassischerweise 3,6 Aminosäurereste beteiligt.

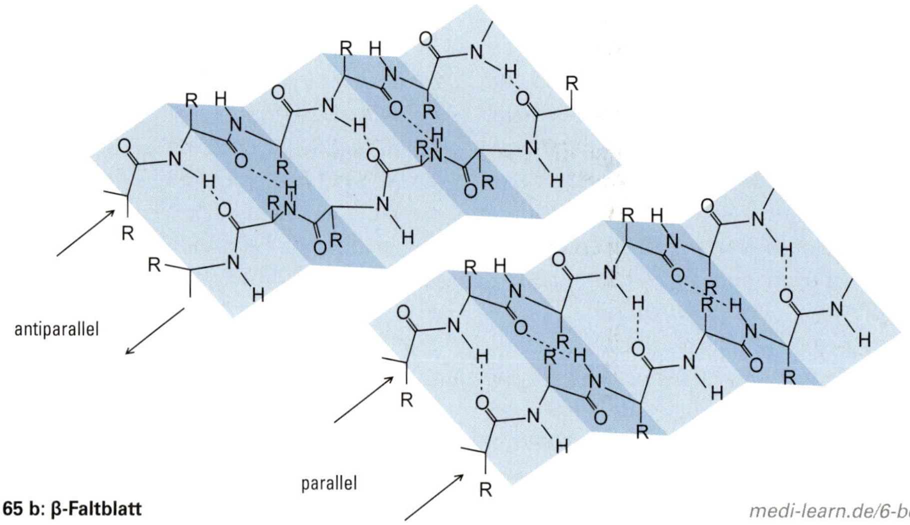

Abb. 65 b: β-Faltblatt

Bestimmte Aminosäuren stören die Ausbildung einer α-Helix-Struktur. Besondere Bedeutung hierbei hat die heterozyklische Aminosäure Prolin, da deren Aminostickstoff Teil eines Ringes ist und sie so keine Wasserstoffatome zur Ausbildung einer Peptidbindung besitzt (s. heterozyklische Aminosäuren, S. 10). **Beim Einbau von Prolin in eine Aminosäuresequenz kommt es daher zum Abknicken der Peptid-Kette.**

> **Übrigens ...**
> – Die α-Helix kommt in fast allen Proteinen mit unterschiedlichen Anteilen vor. Besonders ausgeprägt findet sich die **α-Helix in Haut, Haaren, Nägeln** und Wolle.
> – Die α-Helices, die vorwiegend aus hydrophoben Aminosäuren bestehen, spielen eine bedeutende Rolle bei der Verankerung von Proteinen in Biomembranen.

Kollagen: Eine besondere Helixform findet man im **wichtigsten fibrillären Protein** des Bindegewebes, dem Kollagen. Anders als im übrigen Körper, in dem die Helices meist rechtsgängig sind, besteht das Kollagen aus **drei linksgängigen α-Helices**, die zu einer **rechtsgängigen Superhelix** umeinander verdreht sind. Die Aminosäurenzusammensetzung der α-Helices des Kollagens ist recht eintönig und besteht zu
– **1/3 aus Glycin,**
– **1/3 aus Prolin und Hydroxyprolin,**
– **1/3 aus anderen Aminosäuren,** unter anderem Hydroxylysin (s. 1.6.7, S. 32).

β-Faltblatt

Beim β-Faltblatt führt die Bildung von Wasserstoffbrückenbindungen zwischen zwei verschiedenen Polypeptidketten (Primärstrukturen) oder zwischen verschiedenen Abschnitten innerhalb einer Polypeptidkette zu einer Zickzackform. Die Seitenketten ragen beim β-Faltblatt – genau wie bei der α-Helix – nach außen.
Wenn die beiden an der Faltblattstruktur beteiligten Peptidketten dieselbe Richtung bezogen auf das Amino- (N-Terminus) und Carboxylende (C-Terminus) haben, spricht man von parallelem, bei entgegengesetzter Richtung von antiparallelem Faltblatt.
Einen besonders hohen Anteil an β-Faltblatt-Strängen besitzt die konstante Domäne der IgG-Antikörper. Daneben kommt das β-Faltblatt vor allem auch im β-Keratin und in Seide vor.

3.2.3 Tertiärstruktur

Die Tertiärstruktur ist die endgültige, typische Form eines Proteins und entsteht durch dreidimensionale Anordnung der Sekundärstrukturen (α-Helix und β-Faltblatt).

Diese Faltung kommt dadurch zustande, dass sich die hydrophoben Reste einer Aminosäuresequenz im Zentrum des Proteins zusammenlagern (s. 3.1.2, S. 41), um einen stabileren Zustand zu erreichen. Gleichzeitig gelangen die hydrophilen Aminosäure-Seitenketten durch die Faltung an die Oberfläche des Proteins und vermitteln so die Löslichkeit in Wasser. Damit sich die unter 3.1 beschriebenen Wechselwirkungen nicht ungewollt zwischen zwei zufällig benachbarten Proteinen ausbilden und diese sich somit verbinden (aggregieren), helfen sogenannte Chaperone (Hilfsmoleküle, von engl. Chaperone = Anstandsdame) bei der Faltung. Dieser Vorgang beginnt oft bereits bevor das Protein am Ribosom fertig gestellt ist. Eine Verbesserung der Stabilität der Tertiärstruktur kommt dadurch zustande, dass sich zwischen zwei nahe beieinander gelegenen Cysteinresten eine kovalente Disulfidbrücke bilden kann. Am besten ist die Tertiärstruktur mit einem Wollknäuel zu vergleichen. Globuläre Proteine, die aus mehr als 150 Aminosäuren bestehen, können meist in unterschiedliche Bereiche eingeteilt werden, die man Domänen nennt.

Merke!

- In einem Protein befinden sich die hydrophoben Aminosäurereste im Zentrum, die hydrophilen an der Oberfläche.
- Domänen eines Proteins sind die Abschnitte der Polypeptidkette mit einer eigenen Tertiärstruktur, die sich weitgehend unabhängig von den anderen Abschnitten ausbildet. Sie können auf unterschiedlichen Exons codiert sein, die aber auf einem Chromosom liegen.

3.2.4 Quartärstruktur

Treten mehrere Proteine mit eigener Primär-, Sekundär- und Tertiärstruktur zu einer großen Funktionseinheit zusammen, so nennt man dies Quartärstruktur.

Die Anzahl der Untereinheiten kann von wenigen (z. B. vier im Hämoglobin) bis zu einigen Tausend reichen. Die Stabilisierung der Quartärstruktur erfolgt durch schwache, nichtkovalente Wechselwirkungen (hydrophobe Wechselwirkungen, Van-der-Waals-Kräfte und Wasserstoffbrückenbindungen). Durch Veränderung der Lage der einzelnen Untereinheiten zueinander kann die Funktion eines Proteins reguliert werden (s. allosterische Regulation, Abb. 82 a, S. 67).

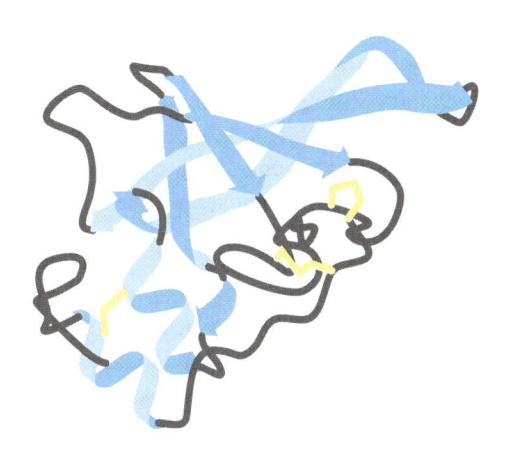

Abb. 66: Tertiärstruktur *medi-learn.de/6-bc2-66*

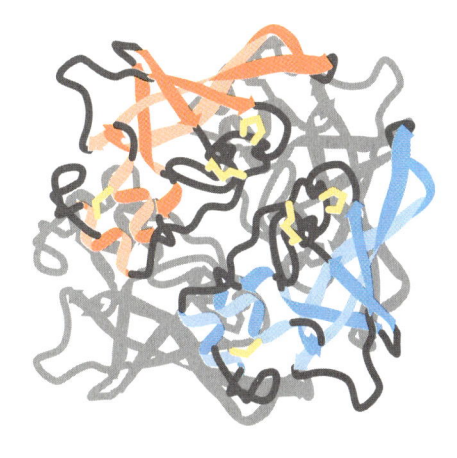

Abb. 67: Quartärstruktur *medi-learn.de/6-bc2-67*

DAS BRINGT PUNKTE

Im schriftlichen Physikum wurde bisher vorwiegend nach den **Proteinstrukturen** und den darin enthaltenen **Bindungstypen** gefragt. Merken solltest du dir deshalb die Inhalte von Tab. 4.

Zum Thema **Peptide und Bindungen** wurde häufig gefragt, dass
- die Peptidbindung durch Verknüpfung der Carboxylgruppe einer Aminosäure mit der Aminogruppe der zweiten Aminosäure entsteht,
- die Peptidbindung nicht frei drehbar ist,
- Glutathion ein Tripeptid bestehend aus Glu-Cys-Gly ist und
- Gluthation in hoher Konzentration im Erythrozyten vorkommt.

Außerdem ist noch wichtig, dass Domänen eines Proteins Abschnitte einer Polypeptidkette mit einer eigenen Tertiärstruktur sind, die sich weitgehend unabhängig von den anderen Abschnitten ausbildet. Sie können auf unterschiedlichen Exons EINES Chromosoms codiert sein.

Struktur	Bestehend aus	Vorwiegende Bindungstypen
Primärstruktur	Aminosäuresequenz	Peptidbindung
Sekundärstruktur	– α-Helix – β-Faltblatt	– Peptidbindung – Wasserstoffbrückenbindung
Tertiärstruktur	dreidimensionale Faltung der Sekundärstrukturen	– Peptidbindung – Wasserstoffbrückenbindung – hydrophobe Bindung – Van-der-Waals-Bindung – Ionenbindung – Disulfidbindung
Quartärstruktur	Zusammenlagerung mehrerer Tertiärstrukturen	wie bei Tertiärstruktur

Tab. 4: Proteinstrukturen und deren Bindungstypen

FÜRS MÜNDLICHE

Aus den einzelnen Aminosäuren sind nun Proteine geworden. Was zu diesen wichtig ist, kannst du mit den folgenden Fragen der mündlichen Prüfungsprotokolle rekapitulieren:

1. Bitte erklären Sie, welche Bindungstypen in Proteinen eine Rolle spielen.

2. Sagen Sie bitte, wie die unterschiedlichen Strukturen von Proteinen heißen und woraus sie bestehen.

3. Erläutern Sie, wie eine Peptidbindung entsteht. Was wissen Sie über deren Drehbarkeit?

FÜRS MÜNDLICHE

4. Was verstehen Sie unter den Domänen eines Proteins und wie kommen sie zustande?

5. Erklären Sie bitte, aus welchen Aminosäuren Glutathion besteht. Was verstehen Sie in diesem Zusammenhang unter atypischer Peptidbindung?

---

1. Bitte erklären Sie welche Bindungstypen in Proteinen eine Rolle spielen.
- Peptidbindungen (Säure-Amid Bindungen),
- Wasserstoffbrückenbindungen,
- hydrophobe Bindungen,
- Van-der-Waals-Kräfte,
- Disulfidbindungen und
- Ionenbeziehungen.

2. Sagen Sie bitte, wie die unterschiedlichen Strukturen von Proteinen heißen und woraus sie bestehen.
Proteine werden nach ihrem unterschiedlichen Aufbau mehreren Strukturen zugeteilt. Die Primärstruktur besteht aus der Aminosäuresequenz, unter Sekundärstruktur fasst man α-Helix und β-Faltblatt zusammen. Die Tertiärstruktur bildet die räumliche Faltung der Sekundärstrukturen. Die Quartärstruktur entsteht durch Zusammenlagerung mehrerer Tertiärstrukturen.

3. Erläutern Sie, wie eine Peptidbindung entsteht. Was wissen Sie über deren Drehbarkeit?
Die Peptidbindung entsteht bei der Reaktion der α-Aminogruppe einer Aminosäure mit der α-Carboxygruppe einer zweiten Aminosäure. Sie besitzt partiellen Doppelbindungscharakter, d. h., dass sie nicht frei drehbar ist.

4. Was verstehen Sie unter den Domänen eines Proteins und wie kommen sie zustande?
Domänen sind Abschnitte einer Polypeptidkette mit einer eigenen Tertiärstruktur. Die Faltung dieser Abschnitte erfolgt unabhängig voneinander, sie sind strukturell voneinander getrennt.

5. Erklären Sie bitte, aus welchen Aminosäuren Glutathion besteht. Was verstehen Sie in diesem Zusammenhang unter atypischer Peptidbindung?
Glutathion ist ein Tripeptid, bestehend aus den Aminosäuren Glutamat, Cystein und Glycin. Das besondere an der Peptidbindung zwischen Glutamat und Cystein ist, dass das Glutamat hier mit seiner γ-Carboxylgruppe beteiligt ist (atypische Peptidbindung).

Pause

Wenn Biochemie nach hinten losgeht …

Ein besonderer Berufsstand braucht besondere Finanzberatung.

Als einzige heilberufespezifische Finanz- und Wirtschaftsberatung in Deutschland bieten wir Ihnen seit Jahrzehnten Lösungen und Services auf höchstem Niveau. Immer ausgerichtet an Ihrem ganz besonderen Bedarf – damit Sie den Rücken frei haben für Ihre anspruchsvolle Arbeit.

- Services und Produktlösungen vom Studium bis zur Niederlassung
- Berufliche und private Finanzplanung
- Beratung zu und Vermittlung von Altersvorsorge, Versicherungen, Finanzierungen, Kapitalanlagen
- Niederlassungsplanung & Praxisvermittlung
- Betriebswirtschaftliche Beratung

Lassen Sie sich beraten!

Nähere Informationen und unseren Repräsentanten vor Ort finden Sie im Internet unter www.aerzte-finanz.de

Deutsche Ärzte Finanz

Standesgemäße Finanz- und Wirtschaftsberatung

4 Enzyme

Fragen in den letzten 10 Examen: 8

Unter Verwendung der bereits im Proteinkapitel besprochenen Bindungstypen (s. 3.1, S. 40) baut unser Körper auch ganz besondere Proteine zusammen: die Enzyme.
Der große Unterschied zu den in Kapitel 3 behandelten Strukturproteinen liegt in der Funktion der Enzyme. Sie leisten durch Katalyse von Reaktionen einen, wenn nicht sogar DEN entscheidenden Beitrag für die Überlebensfähigkeit unseres Körpers. Enzyme kommen in jedem Stoffwechselweg vor, sei es der Aminosäure-, der Fettsäure-, der Kohlenhydratstoffwechsel oder auch die Vorgänge in der Molekularbiologie. Die Inhalte dieses Kapitels erleichtern daher das Verständnis sämtlicher Gebiete der Biochemie erheblich. Aus diesem Grund geht das folgende Kapitel ausführlich auf die katalytischen Funktionen von Enzymen sowie auf deren Beeinflussung ein. Bevor du dich jedoch mit den Reaktionen beschäftigen darfst, an denen Enzyme beteiligt sind, zeigt das hier beschriebene Reaktionsmodell zunächst die Situation, wie Reaktionen ohne Katalysatoren ablaufen.

4.1 Reaktionsmodell

Reagieren zwei Substanzen in Abwesenheit von Katalysatoren miteinander, so geschieht dies – nach der **Kollisionstheorie** – durch das Zusammenstoßen der beteiligten Moleküle. Dabei ist die Stärke der Kollision abhängig von der Geschwindigkeit der beiden Reaktionspartner. Je nachdem, wie kompliziert diese Reaktion ist, müssen diese mehr oder weniger stark aufeinanderprallen.

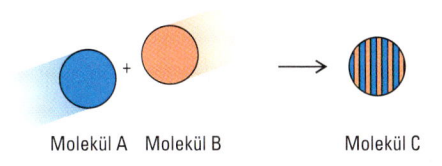

Abb. 68: Reaktionsmodell   *medi-learn.de/6-bc2-68*

Die Zuführung von Energie, z. B. durch Temperaturerhöhung, erhöht die Teilchengeschwindigkeit und damit die Reaktionswahrscheinlichkeit. Bei niedrigen Temperaturen werden also nur wenige Moleküle A mit B reagieren und die Reaktion zu C verläuft daher sehr langsam. Mit steigender Temperatur bewegen sich die Moleküle schneller, wodurch A und B auch öfter zusammenstoßen und so vermehrt zu C reagieren.
Damit die Reaktion A + B → C auch unter der vergleichsweise niedrigen Körpertemperatur ablaufen kann, wird die Hilfe von Enzymen (Biokatalysatoren) benötigt.

Beispiel
Eine Reaktion ohne Katalysator könnte man mit einem Gang (Reaktion) zum nächsten Supermarkt vergleichen (z. B. um wieder etwas Nervennahrung zu erstehen). Je nach Entfernung dauert dies so seine Zeit (Aktivierungsenergie). Viel schneller würde diese Reaktion ablaufen, wenn ein hilfsbereiter Mensch (Enzym) einen mit dem Auto mitnimmt. Auf diese Weise kann man auch schneller wieder an den Schreibtisch zurückkehren ...

4 Enzyme

4.2 Katalysatoren

Viele der lebenswichtigen Stoffwechselreaktionen im Körper würden unter den dort herrschenden Bedingungen nur sehr langsam ablaufen. Aus diesem Grund besteht die Notwendigkeit sie zu beschleunigen, denn wer will schon Jahre darauf warten, um nach einer Feier wieder nüchtern zu werden?

Die Reaktionsgeschwindigkeit nimmt zwar mit Erhöhung der Temperatur zu (s. 4.1, S. 51), doch dieses Mittel ist für unseren Körper ungeeignet, da ab ungefähr 42 °C unsere Proteine denaturieren und daher Lebensgefahr besteht. Die Lösung dieses Problems sind die Enzyme. Als Biokatalysatoren erhöhen sie die Geschwindigkeit der Stoffwechselreaktionen (um das 10^8- bis 10^{20}-fache), indem sie die Aktivierungsenergie herabsetzen. Eine Temperaturerhöhung ist somit nicht notwendig.

> **Merke!**
>
> Enzyme sind Biokatalysatoren, die die Geschwindigkeit chemischer Reaktionen erhöhen, ohne dabei selbst verändert zu werden und ohne die Gleichgewichtslage zu ändern.

4.3 Aktives Zentrum

Die Funktion von Enzymen beschränkt sich aber nicht nur auf die Erniedrigung der Aktivierungsenergie. Oft ist es noch wichtig, dass die beiden Moleküle mit der richtigen Stelle zusammentreffen. Eine weitere Funktion von Enzymen besteht daher darin, die miteinander reagierenden Moleküle in die richtige Position zu bringen. Dies geschieht durch die Fixierung des Substrats in einer Vertiefung an der Enzymoberfläche, dem **aktiven Zentrum**.

4.4 Spezifität

Enzyme sind zwar hochwirksame Katalysatoren, aber in ihrem Wirkungsspektrum stark eingeschränkt. Man könnte sie als Fachidioten bezeichnen, die sich auf eine einzige Art von Reaktion spezialisiert haben. Diese Spezifität unterscheidet die biologischen Katalysatoren grundlegend von den chemischen Katalysatoren (wie z. B. Platin). Bei den Spezifitäten unterscheidet man im Einzelnen die

- Gruppenspezifität,
- Substratspezifität,
- optische Spezifität,
- Wirkungsspezifität.

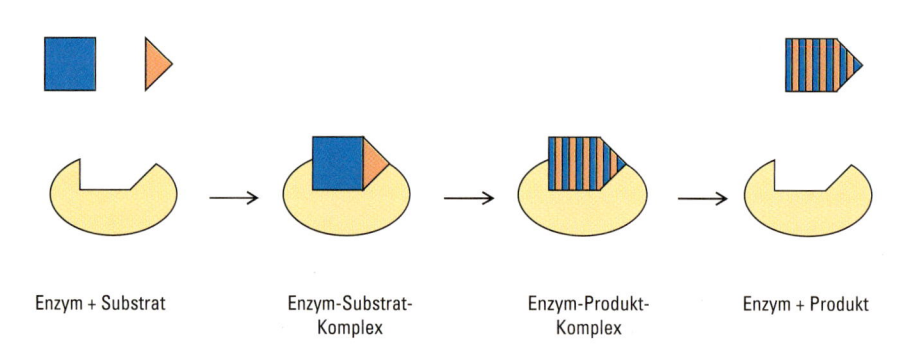

Abb. 69: Aktives Zentrum

medi-learn.de/6-bc2-69

4.4.1 Gruppenspezifität

Von Gruppenspezifität spricht man, wenn ein Enzym auf eine bestimmte chemische Gruppe reagiert, ohne dass dabei das Molekül, an dem diese Gruppe hängt, eine Rolle spielt. Von Enzymen mit Gruppenspezifität werden also unterschiedliche Substrate umgesetzt, die allerdings eine Gemeinsamkeit – z. B. bei den Alkoholdehydrogenasen eine Hydroxylgruppe (-OH) – besitzen müssen.

4.4.2 Substratspezifität

Substratspezifität bezeichnet die Eigenschaft von Enzymen, nur ein einziges Zwischenprodukt des Stoffwechsels umsetzen zu können. Ein Beispiel hierfür ist das in der Leber vorkommende Glykolyse-Enzym Glucokinase (s. Abb. 70).
Die Glucokinase findet sich unter anderem in den Hepatozyten. Sie katalysiert dort den ersten Schritt der Glykolyse, die ATP-abhängige Phosphorylierung von Glucose zu Glucose-6-Phosphat. Anders als die Hexokinase, die dieselbe Reaktion in allen anderen Geweben katalysiert, ist die Glucokinase spezifisch für das Substrat Glucose; die Hexokinase phosphoryliert auch andere Hexosen. Beide Enzyme sind Phosphotransferasen (übertragen Phosphat). Der K_M-Wert der Glucokinase ist zwanzigmal so hoch wie der K_M-Wert der Hexokinase (die Affinität der Glucokinase zu Glucose ist niedriger, s. Michaelis-Menten-Konstante ab S. 60).

Ein weiterer Unterschied zwischen den beiden Enzymen ist, dass die Glucokinase im Gegensatz zur Hexokinase durch ihr Produkt (Glucose-6-Phosphat) **NICHT** gehemmt wird.

4.4.3 Optische Spezifität/Stereospezifität

Auch in Bezug auf das Aussehen ihres Substrats weisen Enzyme eine hohe Spezifität auf. So wird z. B. eine Substanz X umgesetzt, ihr Spiegelbild dagegen nicht. Bezogen auf die Aminosäuren heißt das, dass der Körper nur L-Aminosäuren, jedoch keine D-Aminosäuren verarbeitet, da diese nicht in das aktive Zentrum des entsprechenden Enzyms hineinpassen: Eine rechte Hand (Substrat) passt eben nicht in einen linken Handschuh (Enzym).
Eine Ausnahme bilden die Epimerasen (Racemasen), die optisch isomere Moleküle ineinander überführen. Ein Beispiel für eine Racemase ist die Methylmalonyl-CoA-Racemase. Sie wandelt das beim Abbau ungradzahliger Fettsäuren entstehende D-Methylmalonyl-CoA zu L-Methylmalonyl-CoA um, bevor aus diesem cobalaminabhängig Succinyl-CoA wird.

4.4.4 Wirkungsspezifität

Unter Wirkungsspezifität versteht man, dass Enzyme **nur eine Stoffwechselreaktion** katalysieren, also aus einem Substrat S immer nur ein bestimmtes Produkt P bilden können und nicht mehrere unterschiedliche Produkte P_1, P_2 oder P_3.

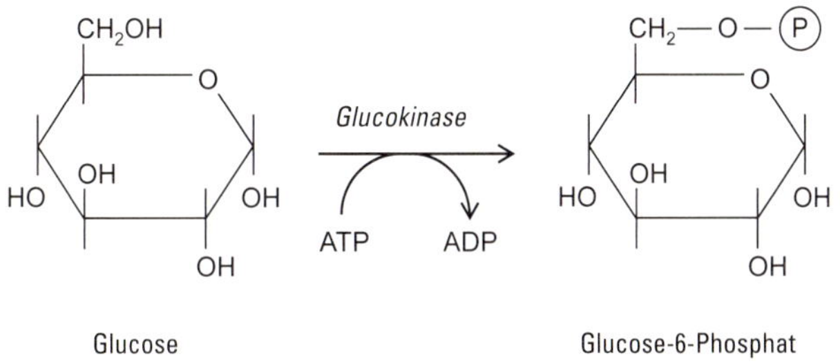

Abb. 70: Glucokinase-Reaktion

4.4.5 Zusammenfassung

Folgendes Beispiel soll die verschiedenen Spezifitäten noch einmal verdeutlichen:
Einigen Leuten ist es völlig egal, welches Fahrzeug sie fahren, Hauptsache, es ist ein PKW. Das könnte man als **Gruppenspezifität** bezeichnen, denn von allen Fahrzeugen (z. B. Motorrädern, LKWs, Fahrrädern usw.) werden eben nur die PKWs genommen. Anderen reicht es aber nicht, irgendeinen PKW zu fahren. Sie möchten ein Auto von einer bestimmten Marke (z. B. VW, BMW, Mercedes usw.) und sind daher **substratspezifisch**. Bei den **optisch spezifischen** Menschen könnte aber auch ein Auto einer bestimmten Marke vor der Haustür stehen, es würde dennoch abgelehnt werden, z. B. wenn das Lenkrad auf der falschen Seite ist. Die **Wirkungsspezifität** ist etwas schwierig in dieses Beispiel einzufügen. Man kann vielleicht sagen, dass man – egal mit welchem – Auto eben nur fahren kann und nicht fliegen. Alle Enzyme sind wirkungsspezifisch, egal welche andere Spezifität sie noch besitzen.

4.5 Isoenzyme

Als Isoenzyme bezeichnet man Proteine, die die gleiche chemische Reaktion katalysieren, deren Struktur (Aminosäuresequenz) jedoch unterschiedlich ist. Die Umsetzung des gleichen Substrats erfolgt dabei mit unterschiedlicher Aktivität (Schnelligkeit, s. Michaelis-Menten-Konstante, ab S. 60). Auch ihre Ansprechbarkeit auf unterschiedliche Effektoren kann verschieden sein (s. Beeinflussung der Enzymaktivität ab 4.7.5, S. 62).
Im folgenden Beispiel setzt Enzym A mehr Substrat um als sein Isoenzym A. Daher ist auch die Aktivität von Enzym A höher als die seines Isoenzyms.

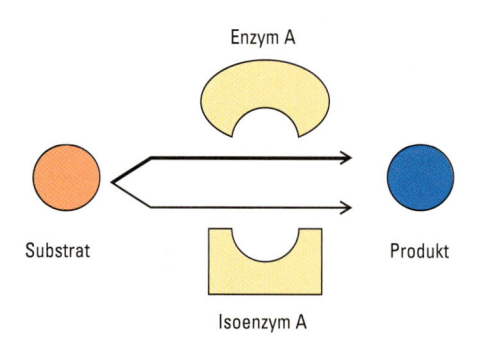

Abb. 71: Wirkungsweise von Isoenzymen
medi-learn.de/6-bc2-71

Beispiel
Obwohl Turnschuhe und Gummistiefel (Enzym und Isoenzym) unterschiedlich aussehen, kann man mit beiden laufen; sie katalysieren also beide die Reaktion Laufen. Dabei treiben Turnschuhe diese Reaktion schneller voran, sind aber anfälliger gegenüber negativen Effektoren, wie z. B. Regen.

Übrigens …
Auch bei der Diagnostik von Erkrankungen spielen Isoenzyme eine wichtige Rolle. Durch den Untergang von Zellen gelangen vermehrt Enzyme in das Serum. Da unterschiedliche Gewebe auch unterschiedliche Enzymausstattungen besitzen, kann man durch Analyse der im Blut erhöhten Enzymarten auf das geschädigte Organ schließen. So gibt es z. B. von der Kreatinkinase (CK) mehrere unterschiedliche Formen, nämlich die
– CK-MM (Muskeltyp),
– CK-MB (Herztyp),
– CK-BB (Gehirntyp).
Während ein Anstieg der CK-MB im Blutserum dem Arzt die Sorgenfalten auf die Stirn treibt, da dies ein Zeichen für einen Herzinfarkt ist (hohe Konzentration des Isoenzyms CK-MB im Herzmuskel), kann er sich bei

einer Erhöhung der CK-MM entspannt zurücklegen. Die CK-MM ist nämlich vorwiegend im Muskel lokalisiert und kann schon durch Gabe einer i.m.-Spritze im Blutserum ansteigen.

4.6 Enzymklassen

Nach den Enzymklassen wurde im schriftlichen Physikum bislang explizit kaum gefragt.
Du ersparst dir jedoch viel stumpfes Auswendiglernen zum Thema Enzyme, wenn du dir aus dem Namen eines Enzyms die Art der katalysierten Reaktion ableiten kannst, und das geht am einfachsten durch Zuordnung zu den sechs Hauptklassen:

1. **Oxidoreduktasen** bilden eine besonders wichtige Enzymklasse, die häufig die Endung -dehydrogenasen besitzen. Wie der Name schon vermuten lässt, katalysieren Oxidoreduktasen Reaktionen, bei denen es um Oxidation und gleichzeitige Reduktion geht. Dabei ist häufig einer der Redoxpartner ein wasserstoffübertragendes Coenzym, das locker an das Enzym gebunden ist. Meistens handelt es sich dabei um:
   - $NAD^+/NADH + H^+$
   - $NADP^+/NADPH + H^+$

   Beispiel: Die in Peroxisomen enthaltene Katalase wandelt zwei Moleküle schädliches H_2O_2 in zwei Moleküle ungefährliches H_2O und O_2 um. Ein weiteres Beispiel ist die Lactat-Dehydrogenase (s. Skript Biochemie 3).

2. **Transferasen** sind gruppenspezifische Enzyme, d. h., dass sie Reaktionen katalysieren, bei denen bestimmte Gruppen (z. B. Phosphatgruppen) von einem Substrat auf ein anderes übertragen werden.
   Beispiele: Ornithin-Carbamoyl-Transferase, überträgt Carbamoyl auf die nichtproteinogene Aminosäure Ornithin im Harnstoffzyklus (s. Abb. 37, S. 24), Glucokinase (Hexokinase IV) überträgt Phosphat auf Glucose in der Glykolyse (s. Abb. 70, S. 53).

3. **Hydrolasen** spalten chemische Bindungen unter Einlagerung von H_2O (Hydrolyse). Besonders bei der Spaltung von Peptidbindungen und glykosidischen Bindungen spielen sie eine wichtige Rolle.
   Beispiele für Hydrolasen sind die Peptidasen und die von Pankreas und Parotis sezernierte α-Amylase. Dabei spalten Endopeptidasen Proteinbindungen innerhalb einer Peptidkette, wohingegen Carboxypeptidasen Proteinbindungen am (Carboxyl-) Ende einer Peptidkette spalten.

4. **Lyasen** katalysieren wie Hydrolasen die Spaltung von kovalenten Bindungen. Dies geschieht jedoch ohne die Beteiligung von H_2O. Im Wesentlichen handelt es sich um C-C-, C-O- und C-N-Bindungen unter Einführung einer Doppelbindung. Auch das Anfügen von Gruppen an eine Doppelbindung wird von Lyasen katalysiert.
   Ein Beispiel für eine Lyase findet sich erneut im Harnstoffzyklus (s. S. 24) mit der Argininosuccinat-Lyase.

5. **Isomerasen** katalysieren die Umlagerung von Gruppen innerhalb eines Moleküls. Dabei verändert sich die Anzahl der Atome in dem betreffenden Molekül nicht und seine Masse bleibt auch gleich.

6. Die **Ligasen** sind an Reaktionen beteiligt, die die Spaltung von energiereichen Verbindungen benötigen. Meistens stammt diese Energie vom ATP.
   Beispiele: Die DNA-Ligase repariert unter ATP-Verbrauch Schäden an der DNA, die Pyruvat-Carboxylase aus der Gluconeogenese macht aus Pyruvat unter ATP-Verbrauch Oxalacetat.

Die Enzyme der Hauptklassen 1, 2, 5 und 6 benötigen fast alle Coenzyme für ihre katalysierte Reaktion.

4.7 Enzymkinetik

In diesem Abschnitt geht es darum, wie und warum es überhaupt zu einer Enzymreaktion kommt und von welchen Faktoren sie abhängt, oder anders ausgedrückt, um die Abhängigkeit der Geschwindigkeit von den Reaktionsbedingungen. Auch wenn die Kinetik nicht

4 Enzyme

unbedingt das spannendste Thema darstellt, solltest du dich sehr genau damit beschäftigen, denn wenn du die Kinetikgesetze erst einmal verstanden hast, kannst du sie auf alle (und zwar wirklich alle) Reaktionen anwenden, an denen Enzyme beteiligt sind.

4.7.1 Abhängigkeit der Reaktionsgeschwindigkeit von der Temperatur

Die Aktivität von Enzymen ist temperaturabhängig (vgl. 4.1, S. 51). **Pro 10 °C Temperaturerhöhung verdoppelt sich** innerhalb eines begrenzten Bereichs deren **Reaktionsgeschwindigkeit**. Entsprechend besitzen Enzyme ein Temperaturoptimum, das beim Menschen ungefähr bei 37 °C liegt. Oberhalb dieses Optimums fällt die enzymatische Aktivität steil ab, da die Enzyme denaturiert werden.

4.7.2 Abhängigkeit der Reaktionsgeschwindigkeit vom pH-Wert

Die Abhängigkeit von äußeren Faktoren wie z. B. von der Temperatur besteht auch beim pH-Wert. Die meisten Enzyme des Körpers arbeiten am besten (pH-Optimum) zwischen pH 4 und pH 9.
Einige Enzyme funktionieren auch noch unter extremen Bedingungen. Ein Beispiel hierfür ist das im Magensaft enthaltene Enzym Pepsin, das sogar bei dem dort herrschenden, sehr niedrigen pH-Wert von ~ 2 arbeitet.
Die Ursachen für die pH-Abhängigkeit von Enzymen sind:
- Bei extrem hohem oder extrem niedrigem pH-Wert wird das Enzymprotein denaturiert.
- Mit dem pH-Wert verändern sich auch die funktionellen Gruppen des Enzyms und seines Substrats. Derartige Änderungen können die Raumstruktur (Tertiärstruktur, s. Abb. 72 a) des Enzyms und darüber die Bindung des Substrats an das aktive Zentrum beeinflussen.

> **Merke!**
>
> Verändern sich der pH-Wert oder die Temperatur zu Werten außerhalb des optimalen Bereichs eines Enzyms, hat das eine Beeinträchtigung der enzymatischen Aktivität zur Folge.

4.7.3 Ablauf enzymkatalysierter Reaktionen

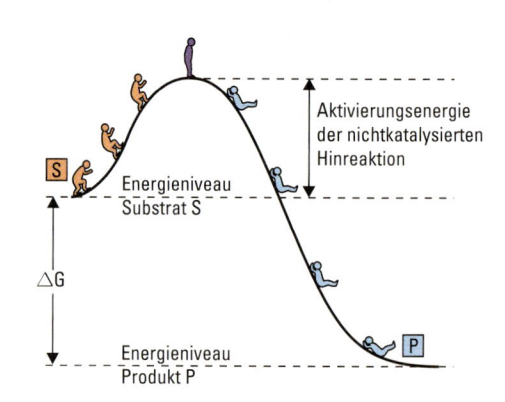

Abb. 72 a: Reaktionsablauf ohne Katalysator

medi-learn.de/6-bc2-72a

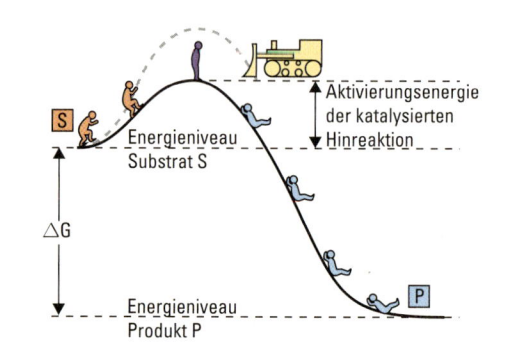

Abb. 72 b: Reaktionsablauf mit Katalysator

medi-learn.de/6-bc2-72b

Die Reaktion vom Substrat S zum Produkt P in Abb. 72 a würde auch ohne Beteiligung von Katalysatoren freiwillig ablaufen, da das Energieniveau von P deutlich niedriger als das von S ist (ΔG = negativ, s.a. Skript Chemie 1). Dies geschieht allerdings sehr langsam, da die Substratmoleküle erst den Berg der Aktivierungsenergie überwinden müssen, bevor sie auf der anderen Seite hinunterrutschen können.

> **Merke!**
>
> Eine Reaktion läuft immer dann freiwillig ab, wenn ΔG negativ ist.

Einen sehr effektiven Weg, Reaktionen zu beschleunigen, hat der Körper durch die Verwendung von Enzymen gefunden (s. Abb. 72 b). Der Vorteil hierbei ist, dass die äußeren Faktoren wie Temperatur und pH-Wert gleichbleiben können.

Das Enzym kannst du dir als Bagger vorstellen, der kurzerhand die Spitze des Berges abträgt. Über den flacheren Berg können die Substratmoleküle leichter wandern und die Reaktion von S nach P verläuft schneller. Letztendlich kommen aber nicht mehr Substratmoleküle bei P an; die Gleichgewichtslage ändert sich also NICHT. Das Gleichgewicht der Reaktion stellt sich nur schneller ein.

Ganz genau genommen läuft eine enzymkatalysierte Reaktion so ab (s. a. Abb. 69, S. 52):

– Durch Bindung von Enzym und Substrat zum Enzym-Substrat-Komplex (ES) wird die Aktivierungsenergie erniedrigt.
– Aus ES entsteht durch Umwandlung des Substrats der Enzym-Produkt-Komplex (EP), der schnell zu Enzym und freiem Produkt zerfällt.

$$E + S \rightarrow ES \rightarrow EP \rightarrow E + P$$

E = Enzym, S = Substrat, ES = Enzym-Substrat-Komplex, EP = Enzym-Produkt-Komplex und P = Produkt.

Im Physikum wollte man schon öfter wissen, ob die Geschwindigkeit einer enzymkatalysierten Reaktion durch die Bildung des Produkts aus dem Enzym-Substrat-Komplex (ES) limitiert wird (Der ES muss zum EP umgewandelt werden).

Eine enzymatische Reaktion läuft so lange ab, bis sich ein Gleichgewicht zwischen Substrat und Produkt einstellt. An diesem Punkt kommt die Reaktion E + S → ES → EP → E + P zum Stillstand. Verhindert man die Einstellung eines solchen Gleichgewichts, indem man z. B. das Produkt kontinuierlich entfernt (z. B. durch eine nachgeschaltete Reaktion), spricht man von einem Fließgleichgewicht. Hierbei wird kontinuierlich das Substrat zum Produkt umgewandelt. In einem Fließgleichgewicht sind lediglich die Konzentrationen der Intermediate ES und EP konstant.

4.7.4 Geschwindigkeit enzymatisch katalysierter Reaktionen

Ein in bisher jedem schriftlichen Physikum mindestens einmal gefragter und nicht nur deshalb wichtiger Abschnitt ist die Aktivität von Enzymen und deren Regulation.

Jeder Stoffwechselprozess des Körpers ist an irgendeiner Stelle reguliert. So wird eine flexible Anpassung an äußere Anforderungen gewährleistet. Diese Regulation erfolgt an Enzymen, die ihrer Bedeutung entsprechend Schlüsselenzyme genannt werden. Durch Beeinflussung dieser Schlüsselenzyme kann der Körper den Substratdurchfluss an den herrschenden Bedarf anpassen.

Doch bevor du dich mit der veränderten Aktivität von Enzymen beschäftigst, musst du dich zunächst wieder mit den Grundlagen auseinandersetzen. Dabei geht es im Einzelnen um so spannende Geschichten wie

– Maximalgeschwindigkeit,
– Halbmaximalgeschwindigkeit,
– Substratsättigung,
– Affinität,
– Michaelis-Menten-Konstante und
– Lineweaver-Burk-Diagramm.

Um diesen Begriffen den Schrecken zu nehmen, werden sie hier sehr detailliert besprochen und durch Beispiele verdeutlicht. Fangen wir also ganz behutsam an.

4 Enzyme

Eine enzymatische Reaktion (s. Abb. 69, S. 52) erfolgt nach der Gleichung:

$$E + S \rightarrow ES (\rightarrow EP) \rightarrow E + P$$

Damit ein Produkt überhaupt entstehen kann, muss das Substrat an das Enzym binden. Dies geschieht im Teilschritt $E + S \rightarrow ES$.
Für die Geschwindigkeit dieser Reaktion gilt:

$$K = \frac{[E] \cdot [S]}{[ES]}$$

K = Geschwindigkeitskonstante

Diese Gleichung ist für das Verständnis der Reaktionsgeschwindigkeit von Enzymen sehr wichtig und wird daher jetzt genauer beschrieben.

Maximalgeschwindigkeit

Wie schnell ein Substrat S von einem Enzym zum Produkt P umgewandelt wird, hängt von einer Vielzahl von Faktoren ab. Neben der Temperatur und dem pH-Wert (s. 4.7.1 und 4.7.2, S. 56) sind dies vor allem
– die Konzentration des Substrats,
– die Konzentration des Enzyms.

Geht man zur Vereinfachung zunächst von nur zehn Enzymen ohne Substrat aus und misst die Geschwindigkeit (V), bei der das Produkt nach der Gleichung 1 (s. 4.7.4, S. 57) entsteht, so beträgt diese null (s. Punkt A, Abb. 73). Erhöht man nun langsam die Substratkonzentration, gelangt man irgendwann an den Punkt der **Substratsättigung**, an dem jedes der zehn Enzyme ein Molekül Substrat am aktiven Zentrum gebunden hat (s. Punkt C, Abb. 73). An dieser Stelle ist zugleich die Maximalgeschwindigkeit V_{max} der Reaktion erreicht, da an zehn Enzyme selbst bei weiterer Erhöhung der Substratkonzentration nicht mehr als zehn Moleküle gleichzeitig gebunden und zum Produkt umgewandelt werden können.

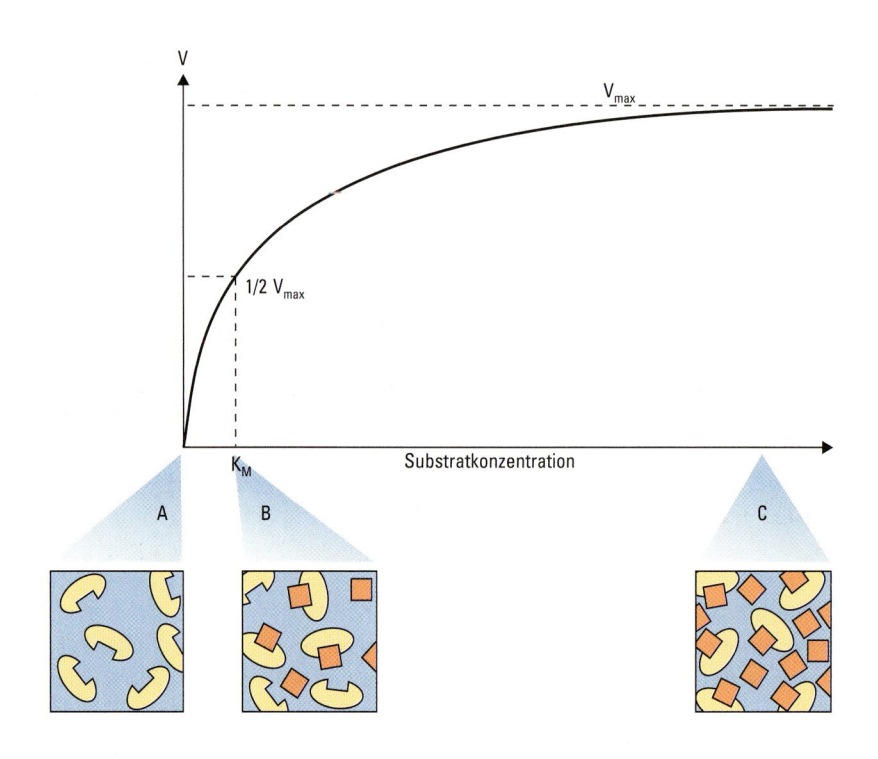

Abb. 73: Abhängigkeit der Reaktionsgeschwindigkeit von der Substratkonzentration medi-learn.de/6-bc2-73

4.7.4 Geschwindigkeit enzymatisch katalysierter Reaktionen

Beispiel
An einem Fließband stehen zehn Arbeiter (Enzyme), die Pakete (Substrat) vom Fließband auf einen Wagen heben. Jeder Arbeiter schafft pro Sekunde ein Paket. Kommen mit dem Fließband keine Pakete an, so ist die Anzahl der Pakete, die auf dem Wagen landen, ebenfalls null (s. Punkt A mit V = 0, Abb. 73). Befördert das Fließband jedoch Pakete, so können diese auch verladen werden. Je mehr Pakete ankommen, desto mehr werden vom Fließband auf den Wagen gehoben. Haben schließlich alle zehn Arbeiter etwas zu tun, werden pro Sekunde zehn Pakete verladen (s. Punkt C mit V = V_{max}, Abb. 73). Diese Zahl lässt sich nicht mehr dadurch erhöhen, dass mit dem Fließband noch mehr Pakete geliefert werden.

> **Merke!**
>
> Arbeiter = Enzyme
> heben = wandeln
> Pakete = Substrate
> auf einen Wagen = zu einem Produkt um

Abb. 74: Modell enzymkatalysierte Reaktion
medi-learn.de/6-bc2-74

Will man als Chef dieser Arbeiter trotzdem die Anzahl der pro Sekunde auf dem Wagen landenden Pakete erhöhen, hat man zwei Möglichkeiten:
1. Man motiviert die Arbeiter, sodass sie z. B. zwei Pakete pro Sekunde schaffen, was dann insgesamt schon 20 Pakete pro Sekunde macht, oder
2. man stellt mehr Arbeiter ein.

Wie sich aus dem Beispiel hoffentlich erkennen lässt, ist die Geschwindigkeit einer durch Enzyme katalysierten Reaktion (wie viele Pakete pro Sekunde auf den Wagen gehoben werden) sowohl abhängig von der **Anzahl der Enzyme** (Arbeiter) als auch von der **Menge an Substrat** (Pakete).

Die „Maximalgeschwindigkeit" einer enzymkatalysierten Reaktion kann in der Realität durch die **Erhöhung der Enzymkonzentration** und z. B. die **Optimierung** der Temperatur (bessere Motivation der Arbeiter) erhöht werden.

Halbmaximalgeschwindigkeit

Bislang wurden nur die beiden extremen Substratkonzentrationen, nämlich kein Substrat (V = 0) und zu viel Substrat (V = V_{max}), betrachtet. Eine besondere Bedeutung kommt der Halbmaximalgeschwindigkeit V = ½ V_{max} zu. Wie auf Abb. 73 zu erkennen ist, nähert sich die Kurve asymptotisch der Maximalgeschwindigkeit, sodass man Schwierigkeiten hat, v_{max} genau zu berechnen. Aus diesem Grund bedient man sich der Halbmaximalgeschwindigkeit, die dann vorliegt, wenn genau die Hälfte aller Enzyme ein Substrat in ihrem aktiven Zentrum gebunden haben (s. Punkt B, Abb. 73). Die andere Hälfte der Enzyme liegt noch in freier Form vor (also bei [E] = [ES]).

Da hier [E] = [ES] ist, vereinfacht sich die Gleichung von S. 58 durch Kürzen von [E] gegen [ES] zu:

$$K_{1/2V_{max}} = \frac{[E] \cdot [S]}{[ES]} \text{ wird zu } K_{1/2V_{max}} = [S]$$

Zusammengefasst kann man also sagen:
Wenn die Konzentration von freiem Enzym ([E]) gleich der Konzentration des Enzym-Substrat-Komplexes ([ES]) ist, läuft eine Reaktion mit halbmaximaler Geschwindigkeit (½ v_{max}).

4 Enzyme

Die Geschwindigkeitskonstante K entspricht hier der Substratkonzentration ([S]) mit der Einheit **mol/l**. Oder umgekehrt:

> **Merke!**
>
> Bei einer bestimmten Substratkonzentration liegen genauso viele Enzyme in freier Form wie als Enzym-Substrat-Komplex vor. Hier verläuft die Reaktion mit halbmaximaler Geschwindigkeit (V = ½ V_{max}) und es gilt: Geschwindigkeitskonstante K = Substratkonzentration S (Einheit = mol/l).

Michaelis-Menten-Konstante/ Michaeliskonstante

Die eben angesprochene Substratkonzentration, bei der eine enzymatische Reaktion mit halbmaximaler Geschwindigkeit abläuft, nennt man auch **Michaeliskonstante** (K_M). Nach dieser Konstante wurde bislang in fast jedem Physikum gefragt und das Wesentliche zu diesem Thema lässt sich in zwei Sätzen zusammenfassen.

> **Merke!**
>
> – Die Michaeliskonstante K_M entspricht der **Substratkonzentration**, bei der eine enzymatische Reaktion mit halbmaximaler Geschwindigkeit abläuft. Sie hat die Einheit **mol/l**.
> – Die Michaeliskonstante K_M ist ein **Maß für die Affinität** eines Enzyms zum Substrat und **unabhängig von der Enzymkonzentration**.

Hier lauert im Physikum mal wieder eine Falle: K_M ist zwar die Substratkonzentration, an der die Geschwindigkeit halbmaximal abläuft, durch Verdopplung von K_M gelangt man jedoch NICHT zur Maximalgeschwindigkeit, da der Graph aus Abb. 73, S. 58 sich asymptotisch, also erst im Unendlichen, an die Maximalgeschwindigkeit annähert.

Die Michaeliskonstante ist für jedes Enzym unterschiedlich. Ein Enzym kann aber auch gegenüber unterschiedlichen Substraten verschiedene Michaeliskonstanten besitzen.
Um zu verdeutlichen, warum die Michaeliskonstante ein Maß für die Affinität eines Enzyms zu einem Substrat darstellt, hier ein Beispiel:

> **Beispiel**
>
> Wenn einem Läufer A (Enzym A) gesagt wird, er solle die 100 m (Substrat A) mit 50 % seiner maximalen Geschwindigkeit laufen (KM), schafft er sie in vielleicht 30 Sekunden (Substratkonzentration). Läufer B (Enzym B) gelingt dies aber vielleicht schon nach 20 Sekunden, er ist also schneller (höhere Affinität).
>
> Fazit:
> Je weniger Zeit ein Läufer bei halbmaximaler Geschwindigkeit für 100 m benötigt, desto schneller ist er. Auf die Enzyme übertragen heißt das: **Je niedriger die Substratkonzentration ist, bei der ein Enzym mit halbmaximaler Geschwindigkeit arbeitet, desto höher ist seine Affinität (Bindungsbestreben) zum Substrat.**

Wenn im Physikum Werte für K_M angegeben sind, so lassen sie sich ganz einfach miteinander vergleichen: Wenn der Läufer aus unserem Beispiel die 100 m statt in 15 jetzt in 30 Sekunden läuft, so ist er halb so schnell. Gleiches gilt auch für Enzyme:
Wird die Substratkonzentration z. B. von 0,1 K_M auf 0,05 K_M halbiert, so sinkt auch der Substratumsatz auf etwa die Hälfte.
In unserem Beispiel wurden zwei Enzyme betrachtet, die das gleiche Substrat A (100-m-Lauf) umsetzten. Enzym B gelingt dies schneller als Enzym A, weil seine Affinität/Bindungsstärke höher ist. Ein anderer Fall ergibt sich, wenn z. B. Enzym A mehrere Substrate A und B umsetzen kann. Das Beispiel müsste man dann um eine Disziplin erweitern, z. B. den 100-m-Hürdenlauf (Substrat B).

4.7.4 Geschwindigkeit enzymatisch katalysierter Reaktionen

Beispiel
Wenn der Läufer A (Enzym A) über 100 m mit halbmaximaler Geschwindigkeit deutlich schneller (höhere Affinität, K_M kleiner) ist als beim 100-m-Hürdenlauf, ist klar, dass er sich eher auf diese Strecke spezialisiert. Substrat A würde also von Enzym A eher umgesetzt werden als Substrat B.

Merke!

Kann ein Enzym mehrere Substrate umsetzen, wird vorwiegend das Substrat zum Produkt umgewandelt, für das das Enzym den niedrigeren K_M-Wert, also die höhere Affinität, besitzt.

Michaelis-Menten-Gleichung: Zur Michaelis-Menten-Gleichung gibt es eine gute und eine schlechte Nachricht. Die schlechte Nachricht: Ihre Ableitung ist wahnsinnig kompliziert. Sie ergibt sich aus der Reaktionsgleichung

$$E + S \xrightarrow{k_1} ES \xrightarrow{k_2} EP \xrightarrow{k_3} E + P$$

unter Berücksichtigung der einzelnen Geschwindigkeiten k_{1-3}.
Jetzt die gute Nachricht: Du musst sie nicht können. Worauf es ankommt, ist ihr Ergebnis:

$$V = V_{max} \frac{[S]}{K_M + [S]}$$

Aus dieser Gleichung lässt sich nämlich die Reaktionsgeschwindigkeit in Abhängigkeit von der Substratkonzentration ableiten. Dabei unterscheidet man drei Fälle:

1. **Die Substratkonzentration ist deutlich niedriger als K_M (S << K_M):**

    $V = V_{max} \frac{[S]}{K_M + \cancel{[S]}}$ wird zu $V = V_{max} \frac{[S]}{K_M}$

    Da die Addition von [S] zu K_M den Wert im Nenner nicht wesentlich erhöht und somit vernachlässigt werden kann. Da V_{max} und K_M Konstanten sind, lässt sich die Reaktionsgeschwindigkeit nur durch Erhöhung der Substratkonzentration steigern.
    Bei niedriger Substratkonzentration ist die Reaktionsgeschwindigkeit V also der Substratkonzentration annähernd proportional.

2. **Die Substratkonzentration ist gleich K_M (S = K_M):**
    In diesem Fall kannst du die Addition im Nenner (K_M + [S]) zu 2 · [S] zusammenfassen:

    $V = V_{max} \frac{[S]}{K_M + [S]}$ wird zu

    $V = V_{max} \frac{[S]}{2[S]}$ oder $V = \frac{1}{2} V_{max}$

    Wie auf S. 59 beschrieben, läuft eine Reaktion, bei der die Substratkonzentration dem K_M-Wert entspricht, mit halbmaximaler Geschwindigkeit ($V = \frac{1}{2} V_{max}$) ab.

3. **Die Substratkonzentration ist deutlich größer als K_M (S >> K_M):**
    Jetzt kannst du im Nenner bei der Gleichung (K_M + [S]) K_M vernachlässigen.

    $V = V_{max} \frac{[S]}{\cancel{K_M} + [S]}$ wird zu

    $V = V_{max} \frac{[S]}{[S]}$ oder $V = V_{max}$

    Bei **hohen** Substrat**konzentrationen** ist die Reaktions**geschwindigkeit gleich der Maximalgeschwindigkeit.**

Lineweaver-Burk-Diagramm: Eine andere Möglichkeit, die Reaktionsgeschwindigkeit in Abhängigkeit von der Substratkonzentration aufzutragen, ist das Lineweaver-Burk-Diagramm. Man erhält es durch (wieder sehr komplizierte) Umformung der Michaelis-Menten-Gleichung. Im Wesentlichen werden Kehrwerte gebildet. Es resultiert eine typische Geradengleichung nach dem Muster y = Ax + B:

$$\frac{1}{V} = \frac{K_M}{V_{max}} \cdot \frac{1}{[S]} + \frac{1}{V_{max}}$$

4 Enzyme

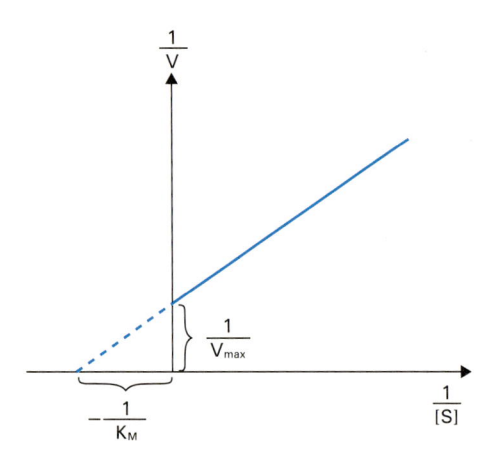

Abb. 75: Lineweaver-Burk-Diagramm

medi-learn.de/6-bc2-75

K_M und V_{max} können auf diese Weise **direkt** aus dem Diagramm abgelesen werden

Merke!

$-\dfrac{1}{K_M}$ = Schnittpunkt mit der Abszisse

$\dfrac{1}{V_{max}}$ = Schnittpunkt mit der Ordinate

Da im Lineweaver-Burk-Diagramm auf der x- und der y-Achse immer die Kehrwerte aufgetragen sind (1/x), werden die Werte in Richtung Nullpunkt größer. Das Ganze ist etwas ungewohnt. Da sich aber die meisten Fragen zur Enzymregulation auf diese Art der Darstellung beziehen, solltest du sie dir unbedingt klar machen. Beispielsweise würde die Erhöhung der Enzymkonzentration die Gerade auf der y-Achse in Richtung Nullpunkt verschieben, während der Schnittpunkt mit der x-Achse – also K_M – davon unbeeinflusst bliebe.

4.7.5 Beeinflussung der Enzymaktivität

Bislang wurde beschrieben, wie enzymatische Prozesse ohne Beeinflussung stattfinden. Der Körper ist jedoch in der Lage, durch Änderung der Aktivität von Schlüsselenzymen (s. 4.7.4, S. 57) die Geschwindigkeit von Stoffwechselwegen zu beeinflussen und sich so an äußere Erfordernisse (z. B. Fasten, Sport usw.) anzupassen. Man unterscheidet dabei zwischen kurz- und langfristiger Regulation, wobei diese auf ganz unterschiedlichen Mechanismen beruhen.

- Kurzfristige Regulation:
  - kompetitive Hemmung,
  - nichtkompetitive Hemmung,
  - allosterische Regulation,
  - Interkonversion.
- Langfristige Regulation:
  - Änderung der Biosynthese von Enzymen,
  - vermehrter Abbau nicht benötigter Enzyme.

Übrigens ...
Viele Medikamente wirken über die gleichen Mechanismen auf die Aktivität von Enzymen ein.

Hier wird vorwiegend auf die kurzfristige Regulation der Enzymaktivität eingegangen, da die langfristige Regulation ein Gebiet der Molekularbiologie ist und im Skript Biochemie 4 besprochen wird.

Kurzfristige Regulation von Enzymen

Einige Moleküle sind in der Lage, durch ihre Anwesenheit die katalytische Aktivität von Enzymen zu erniedrigen. Diese Gruppe von Substanzen wird Inhibitoren genannt, sie setzen also die Reaktionsgeschwindigkeit herab. Nach der Art, wie sie mit dem Enzym in Wechselwirkung treten, unterscheidet man zwischen kompetitiven und nichtkompetitiven Inhibitoren.

Kompetitive/isosterische Hemmung: Bei der kompetitiven Hemmung konkurrieren Substrat und Inhibitor um die **gleiche Bindungsstelle am Enzym**. Dies kommt dadurch zustande, dass das Substrat und der Inhibitor eine ähn-

4.7.5 Beeinflussung der Enzymaktivität

liche chemische Struktur aufweisen (sie sind isosterisch). Jedoch wird der Inhibitor bei Bindung im aktiven Zentrum vom Enzym nicht umgesetzt, sondern blockiert dieses nur (s. Abb. 76).

Bei **gleicher Menge** von **Substrat** und Inhibitor **entscheidet die Affinität** des Enzyms zu den beiden Substanzen, welches bevorzugt gebunden wird.

– Ist die Affinität des Enzyms zum Inhibitor kleiner (der K_M-Wert höher) als die Affinität zum Substrat, bilden sich überwiegend Enzym-Substrat-Komplexe (ES) und die Geschwindigkeit ist im Vergleich zur ungehemmten Reaktion (s. Abb. 77 a, S. 64, Kurve A) bei gleicher Substratkonzentration nur wenig verlangsamt (s. Abb. 77 a, S. 64, Kurve B).
– Ist die Affinität des Enzyms zum Inhibitor dagegen größer (der K_M-Wert niedriger) als die Affinität zum eigentlichen Substrat, bilden sich überwiegend Enzym-Inhibitor-Komplexe (EI) und die Reaktion verläuft im Vergleich zur ungehemmten Reaktion deutlich langsamer (s. Abb. 77 a, S. 64, Kurve C).

Bei der kompetitiven Hemmung kann durch Erhöhung der Substratkonzentration der Einfluss eines Inhibitors auf die Reaktionsgeschwindigkeit weitgehend aufgehoben und so V_{max} dennoch erreicht werden.

Der K_M-Wert eines Enzyms verschiebt sich in Gegenwart eines kompetitiven Inhibitors zu höheren Werten (die Affinität des Enzyms zum Substrat sinkt).

> **Merke!**
>
> Die kompetitive Hemmung ist immer reversibel.
> **K**ompetitive Hemmung = **K**$_M$ steigt

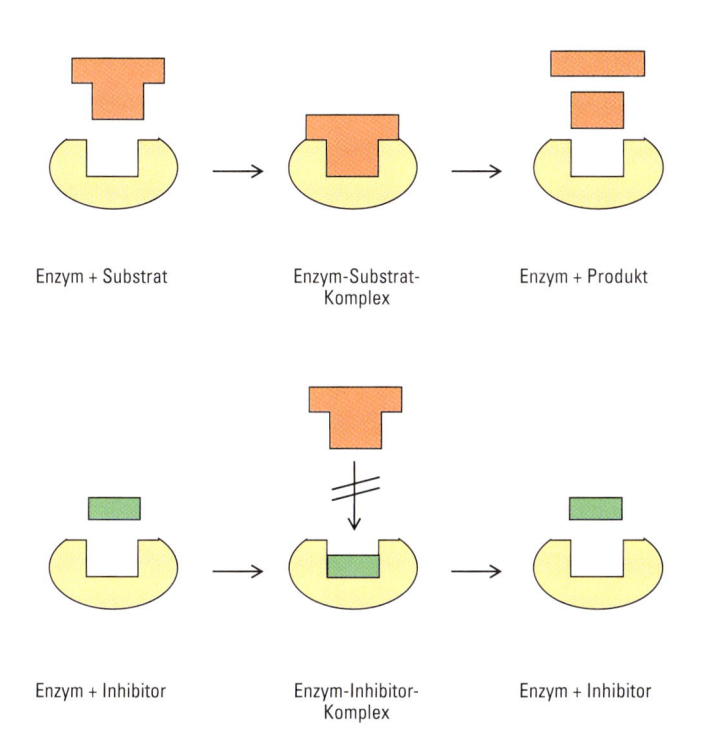

Abb. 76: Wirkungsweise kompetitiver Inhibitoren

medi-learn.de/6-bc2-76

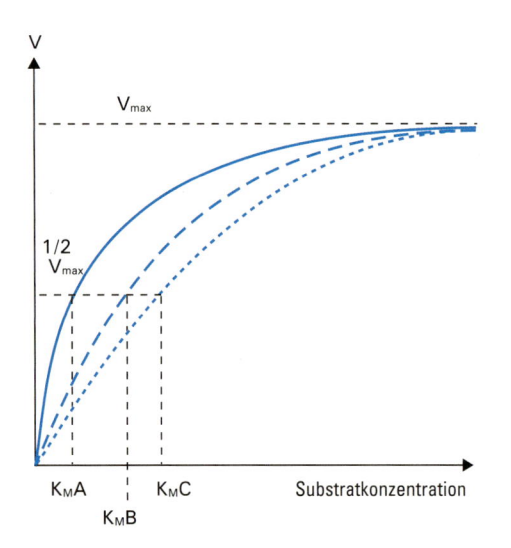

4 Enzyme

A = ungehemmt
B = Enzym mit niedriger Affinität zum Inhibitor
C = Enzym mit hoher Affinität zum Inhibitor

Abb. 77 a: Kompetitive Hemmung im Michaelis-Menten-Diagramm *medi-learn.de/6-bc2-77a*

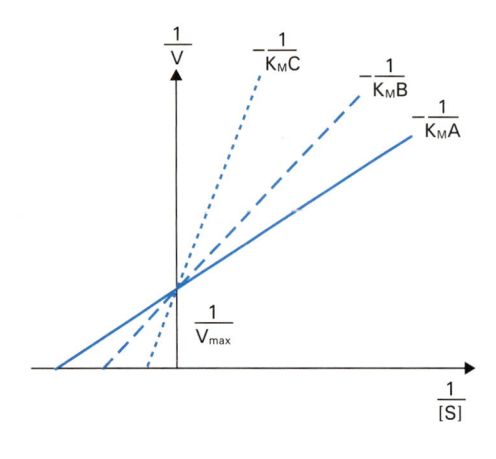

Abb. 77 b: Kompetitive Hemmung im Lineweaver-Burk-Diagramm *medi-learn.de/6-bc2-77b*

Beispiel
Um das Beispiel der Arbeiter am Fließband wieder aufzugreifen, kommen jetzt zusätzlich zu den Paketen (Substrat) auch Steine (Inhibitor) mit dem Fließband an. Da die Steine den Paketen sehr ähnlich sehen, werden diese ebenfalls von den Ar-beitern aufgenommen. Der Irrtum wird allerdings erkannt, bevor die Steine auf den Wagen verladen werden, und die Arbeiter legen sie zurück auf das Fließband. Das reduziert natürlich die pro Sekunde auf dem Wagen ankommenden Pakete (Reaktionsgeschwindigkeit). Will der Chef die ursprüngliche Geschwindigkeit wiederherstellen, ohne mehr Arbeiter einzustellen, so muss er die Wahrscheinlichkeit erhöhen, mit der seine Arbeiter ein Paket statt einem Stein vom Fließband heben. Dies gelingt ihm, indem er die Anzahl der Pakete deutlich erhöht.

Übrigens ...
Ein Mechanismus, der auf kompetitiver Hemmung beruht, ist die Wirkung des Pfeilgifts Curare. Es besetzt die Bindungsstellen für Acetylcholin an der neuromuskulären Endplatte, ohne jedoch ein Aktionspotenzial im Muskel auszulösen. Eine Aktivierung durch den eigentlichen Agonisten Acetylcholin ist jetzt nicht mehr möglich. Die Folge ist eine schlaffe Lähmung der Muskeln, während das zentrale Nervensystem unbeeinflusst bleibt. Da sich Curare vom Acetylcholin-Rezeptor wieder löst, ist diese Blockierung reversibel und es kann in der Chirurgie als Muskelrelaxans eingesetzt werden. Curare zeigt nach dem Verzehr von Tieren, die damit erlegt wurden, keine Wirkung auf den Menschen. Als Protein wird es nämlich durch unsere Verdauungsenzyme zerlegt und damit unschädlich gemacht.

Nichtkompetitive Hemmung: Die Inhibitoren bei der nichtkompetitiven Hemmung besitzen keine Ähnlichkeit mit dem Substrat. Ihre Wirkung vermitteln sie nicht durch Bindung an das aktive Zentrum des Enzyms, sondern dadurch, dass sie sich außerhalb davon an das Enzym anlagern. Dadurch läuft – im Gegensatz

4.7.5 Beeinflussung der Enzymaktivität

zur kompetitiven Hemmung – die Bildung des Enzym-Substrat-Komplexes trotz Hemmung ungehindert ab. Der gehemmte Enzym-Substrat-Komplex kann aber nicht mehr zum Produkt reagieren. Der nichtkompetitive Inhibitor lässt sich auch durch Erhöhung der Substratkonzentration nicht von seiner Bindungsstelle verdrängen.

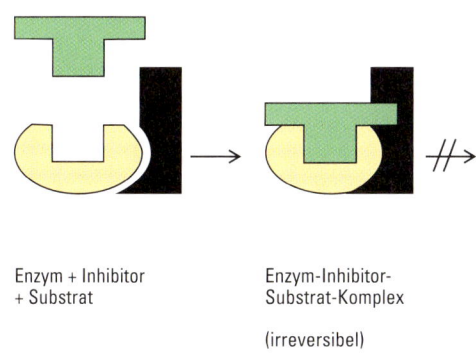

Durch eine nichtkompetitive Hemmung fallen die gehemmten Enzyme aus und die Maximalgeschwindigkeit kann nicht mehr erreicht werden. Da aber die Substratbindung ungehindert stattfindet, verschiebt sich der K_M-Wert nicht und die Affinität der Enzyme zum Substrat bleibt gleich.

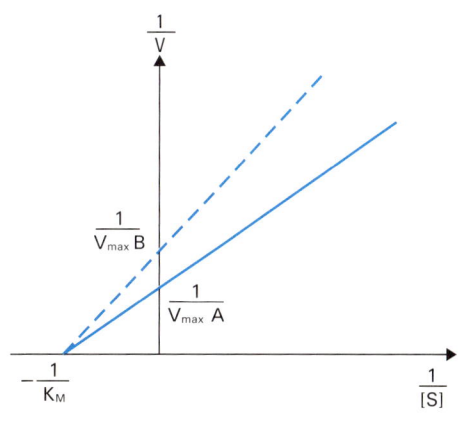

A = ungehemmt
B = mit nichtkompetitivem Inhibitor

Abb. 79 b: Nichtkompetitive Hemmung im Lineweaver-Burk-Diagramm

medi-learn.de/6-bc2-79b

Enzym + Inhibitor + Substrat → Enzym-Inhibitor-Substrat-Komplex (irreversibel)

Abb. 78: Wirkungsweise nichtkompetitiver Inhibitoren

medi-learn.de/6-bc2-78

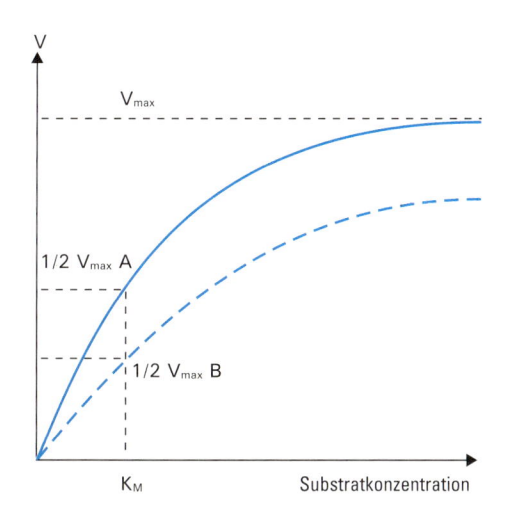

Merke!

Bei der nichtkompetitiven Hemmung verschiebt sich die Maximalgeschwindigkeit V_{max} zu niedrigeren Werten, die Affinität zum Substrat = K_M bleibt jedoch konstant.

Beispiel

Zunächst arbeiten die zehn Arbeiter am Fließband mit maximaler Geschwindigkeit (s. Abb. 74, S. 59). Werden nun drei Arbeiter entlassen (nichtkompetitiver Inhibitor, irreversibel) reduziert sich natürlich auch die Maximalgeschwindigkeit (die auf dem Wagen ankommenden Pakete). Selbst wenn das Fließband mehr Pakete fördert (die Substratkonzentration erhöht wird), kann

A = ungehemmt
B = mit nichtkompetitivem Inhibitor

Abb. 79 a: Nichtkompetitive Hemmung im Michaelis-Menten-Diagramm

medi-learn.de/6-bc2-79a

4 Enzyme

die Geschwindigkeit nicht weiter gesteigert werden, da sich die Eigenschaften der restlichen sieben Arbeiter (bezüglich der Geschwindigkeit) nicht ändern. Aus diesem Grund bleibt auch der K_M-Wert (die Anzahl an Paketen, die pro Zeit von einem Arbeiter verladen wird) konstant.

Übrigens ...
Acetylsalicylsäure (Aspirin) ist ein Beispiel für einen nichtkompetitiven Hemmstoff. Aspirin ist ein irreversibler Inhibitor der Cyclooxygenase (COX). COX ist an der Bildung von Prostaglandinen und Thromboxanen aus der vierfach-ungesättigten Arachidonsäure beteiligt. Durch die Hemmung der COX kommt es zu einer Minderung der durch Prostaglandine vermittelten Plättchenaggregation, der Schmerz- und Entzündungsreaktion, aber auch zu einer verminderten Sekretion von magenschleimhautschützendem Schleim. Eine wesentliche Nebenwirkung von Aspirin ist deshalb das Entstehen von Magengeschwüren (Ulcera).

Allosterische Regulation: Die komplizierteste aber leider auch häufigste Art der Regulation, ist die durch allosterische Effektoren. Als allosterische **Effektoren** bezeichnet man Verbindungen, die sich nicht wie bei der isosterischen (kompetitiven) Regulation an das aktive Zentrum, sondern an das allosterische Zentrum des Enzyms anlagern. Im Gegensatz zur nichtkompetitiven Hemmung wird dabei die Konformation des betreffenden Enzyms geändert, wodurch es entweder **aktiviert oder inaktiviert** wird.

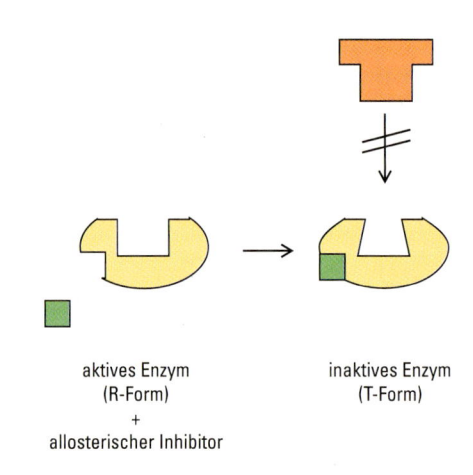

aktives Enzym (R-Form)
+
allosterischer Inhibitor

inaktives Enzym (T-Form)

Abb. 80: Wirkungsweise allosterischer Effektoren
medi-learn.de/6-bc2-80

Allosterische Enzyme kommen in zwei Zustandsformen vor, einer aktiven R-Form (relaxed) und einer inaktiven T-Form (tensed). Durch die Bindung von allosterischen Liganden muss die Funktion von Enzymen also nicht zwangsläufig herabgesetzt werden. Es kann auch zu einer Steigerung der Aktivität kommen. In diesem Fall spricht man von allosterischen Aktivatoren. Oftmals wirken die Substrate selbst als allosterische Aktivatoren für das sie umsetzende Enzym. Das macht auch Sinn, denn bei sehr hoher Substratkonzentration sollen möglichst viele Enzymmoleküle im aktiven Zustand vorliegen.

> **Merke!**
> - Allosterische Inhibitoren stabilisieren Enzyme in der inaktiven T-Form.
> - Allosterische Aktivatoren stabilisieren Enzyme in der aktiven R-Form.

Die Abhängigkeit der Reaktionsgeschwindigkeit von der Substratkonzentration ist bei der allosterischen Regulation nicht so hyperbolisch wie bei der kompetitiven Hemmung. Die Ursache hierfür ist, dass allosterische Enzyme aus mindestens zwei Untereinheiten (s. 3.2.4, S. 47) bestehen und meistens mehrere akti-

4.7.5 Beeinflussung der Enzymaktivität

ve Zentren haben, die sich gegenseitig beeinflussen (s. Kooperativität). Dadurch kommt es zu einer sigmoidalen Bindungskurve (s. Abb. 81).

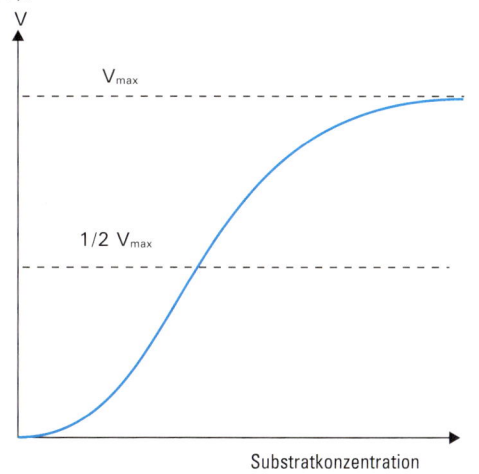

Abb. 81: Sigmoidale Bindungskurve

medi-learn.de/6-bc2-81

Durch Bindung von allosterischen Effektoren an Enzyme wird die sigmoidale Bindungskurve verschoben (s. Abb. 82 a).

Je nach Art des Effektors kann
- die Maximalgeschwindigkeit V_{max} erhöht werden,
- die Maximalgeschwindigkeit V_{max} erniedrigt werden,

} V-Typ

- die Affinität des Enzyms zum Substrat erhöht werden (kleinerer K_M-Wert),
- die Affinität des Enzyms zum Substrat erniedrigt werden (größerer K_M-Wert).

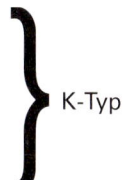

} K-Typ

Bei vielen allosterischen Enzymen führt die Bindung des ersten Substrats an das erste aktive Zentrum zu einer erleichterten Bindung des zweiten Substrats an das zweite aktive Zentrum. Das wiederum erleichtert die Bindung des dritten usw. Man spricht von **positiver Kooperativität**. Erfolgt dagegen durch Bindung des ersten Substratmoleküls an das erste aktive Zentrum des Enzyms eine erschwerte Bindung des zweiten Substrats usw., spricht man von **negativer Kooperativität**.

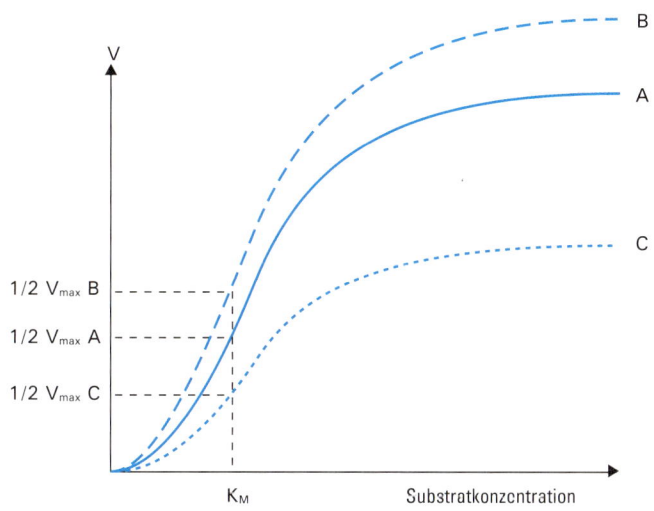

A = Reaktion ohne Effektor
B = Reaktion mit positivem allosterischen Effektor
C = Reaktion mit negativem allosterischen Effektor

Abb. 82 a: Allosterische Regulation, V-Typ

medi-learn.de/6-bc2-82a

4 Enzyme

Abb. 82 b: Allosterische Regulation, K-Typ

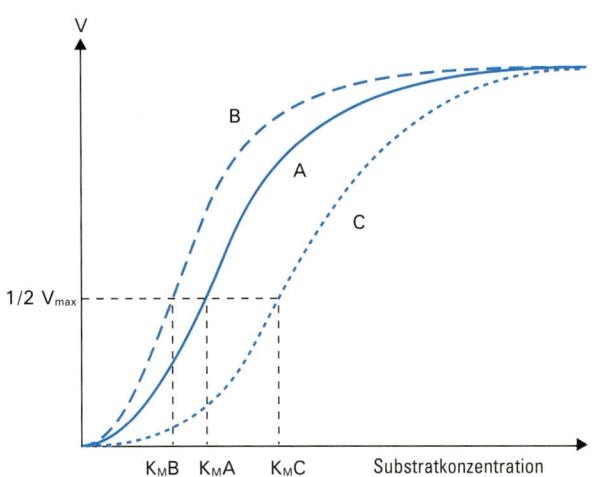

A = Reaktion ohne Effektor
B = Reaktion mit positivem allosterischen Effektor
C = Reaktion mit negativem allosterischen Effektor

medi-learn.de/6-bc2-82b

Nicht nur Enzyme weisen Kooperativität auf. Das wichtigste Beispiel in unserem Körper für Kooperativität ist das sauerstofftransportierende Protein Hämoglobin. Hämoglobin bildet den roten Blutfarbstoff. Es ist ein kugelförmiges Protein, das aus vier Proteinketten besteht. Bei den Proteinketten unterscheidet man ebenfalls vier verschiedene Typen, die mit den griechischen Buchstaben α, β, γ und δ benannt werden. Hämoglobin besteht jeweils aus zwei unterschiedlichen Ketten, also zwei α-Ketten und zwei β-Ketten, oder zwei α-Ketten und zwei γ-Ketten, usw. Jede dieser Ketten hat ein Häm-Molekül als prosthetische Gruppe gebunden, das zum Sauerstofftransport zur Verfügung steht. Die Bindung eines Sauerstoffs an das erste Häm erleichtert die Bindung jedes weiteren Sauerstoffs erheblich, bis das Hämoglobin schließlich vier Moleküle Sauerstoff gebunden hat und damit voll beladen ist.

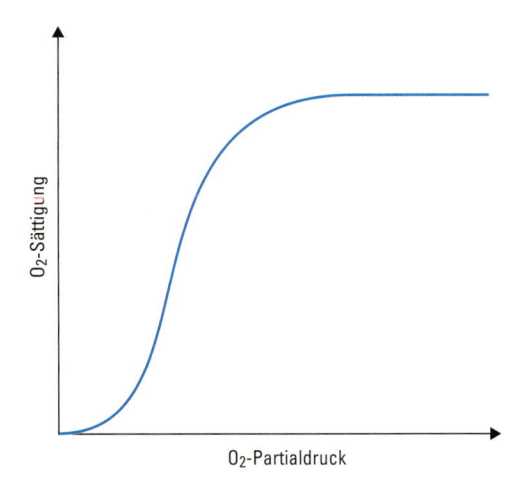

Abb. 83 b: Sauerstoffbindungskurve des Häm

medi-learn.de/6-bc2-83b

> **Merke!**
>
> Eine sigmoidale Abhängigkeit der Umsatzgeschwindigkeit eines Enzyms von der Substratkonzentration spricht für Kooperativität.

Abb. 83 a: Hämoglobin medi-learn.de/6-bc2-83a

4.7.5 Beeinflussung der Enzymaktivität

Die meisten allosterischen Enzyme gehören dem K-Typ an. Eine vor allem im Kohlenhydrat-Stoffwechsel sehr häufig auftauchende allosterische Regulation vom K-Typ ist der positive Effekt von Fructose-2,6-Bisphosphat auf das Glykolyse-Enzym Phosphofruktokinase.

Interkonversion: Hinter diesem etwas kompliziert erscheinenden Begriff verbirgt sich nichts weiter als das Anfügen oder Abspalten bestimmter Gruppen an ein Enzym. Meistens wird dabei ein Phosphatrest durch bestimmte Enzyme kovalent an das regulierte Enzym angefügt oder abgespalten. Dadurch wird das Enzym entweder aktiviert oder inaktiviert (an- oder abgeschaltet).

Da die Interkonversion von Enzymen reversibel ist, besteht die Möglichkeit – entsprechend den Anforderungen des Stoffwechsels – z. B. durch Dephosphorylierung ein Enzym zu inaktivieren und bei Bedarf durch Phosphorylierung mittels einer Kinase wieder zu aktivieren.

> **Merke!**
> - Enzyme, die eine Phosphatgruppe an ein Enzym hängen, heißen Kinasen.
> - Enzyme, die eine Phosphatgruppe von einem Enzym abspalten, heißen Phosphatasen.

Langzeitregulation von Enzymen: Da dieses Thema eher zur Molekularbiologie (s. Skript Biochemie 4) gehört, wird es in diesem Abschnitt nur kurz angeschnitten.
Von manchen Stoffwechselwegen muss die Reaktionsgeschwindigkeit **langfristig** verändert werden. Dies gelingt dem Körper entweder durch
- die vermehrte Biosynthese von Enzymen oder
- den vermehrten Abbau von Enzymen.

Da diese Vorgänge äußerst komplex reguliert sind, kann auf diesem Weg keine kurzfristige Änderung von Reaktionsgeschwindigkeiten erfolgen. Sowohl die Synthese als auch der Abbau von Enzymen dauern oft Tage, sodass sich erst nach dieser Zeit ein neues Gleichgewicht einstellt.

Phosphorylierung

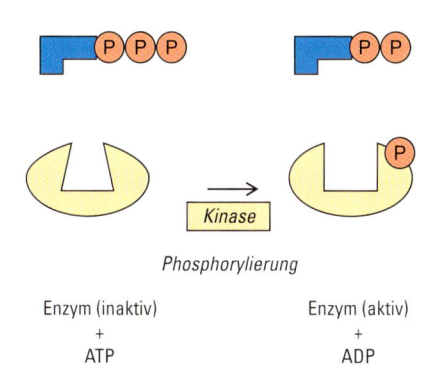

Enzym (inaktiv) + ATP → Enzym (aktiv) + ADP

Abb. 84: Wirkungsweise Interkonversion

medi-learn.de/6-bc2-84

5 Coenzyme

Fragen in den letzten 10 Examen: 1

Leider war das noch nicht alles, was du über Enzyme wissen solltest. Da gibt es nämlich auch noch deren kleine Helferchen, die Coenzyme. Was sie sind und wofür man sie braucht, ist Thema des folgenden Abschnitts.

Das wichtigste Coenzym des Aminosäurestoffwechsels ist das Pyridoxalphosphat (PALP). Da es vor allem an Transaminierungen und Decarboxylierungen beteiligt ist, wird es in dem Zusammenhang (s. 1.4, S. 16) und nicht hier besprochen. Doch nun endlich zum eigentlichen Thema.

Coenzyme sind zunächst einmal keine Enzyme. Sie bestehen nämlich nicht aus Proteinen, sondern leiten sich meistens von den Vitaminen ab. Coenzym heißen sie deshalb, weil sie bei vielen Reaktionen zusätzlich (Co-) zum Enzym vorhanden sein müssen, damit die Reaktion überhaupt abläuft. Wird z. B. von einem Substrat eine Gruppe abgespalten, für die das Enzym keine Verwendung hat, kann diese vorübergehend von einem Coenzym aufgenommen werden. Andersherum können Coenzyme auch Gruppen liefern, die von Enzymen auf Substrate übertragen werden.

Der Proteinanteil der Enzyme, die zur Reaktion Coenzyme benötigen, wird als Apoenzym bezeichnet. Apoenzym und Coenzym zusammen (funktionsfähiges Enzym) nennt man dann Holoenzym (griech. holos = ganz, vollständig).

> **Merke!**
>
> Coenzyme sind Hilfsmoleküle, die bei vielen enzymatischen Reaktionen vorhanden sein müssen, damit diese ablaufen. Sie können vorübergehend Gruppen vom Substrat aufnehmen oder an das Enzym abgeben, die dieses dann auf das Substrat überträgt.

Die Teilnahme eines Coenzyms an der Reaktion kann dabei auf zwei Arten erfolgen:

1. Ein lösliches Coenzym bindet zusammen mit dem Substrat an das aktive Zentrum des Enzyms. Nach Übertragung von Gruppen vom Substrat auf das Coenzym lösen sich Produkt und chemisch-verändertes Coenzym wieder vom Enzym. In einer zweiten Reaktion wird der ursprüngliche Zustand des Coenzyms wieder hergestellt, sodass es zu einer erneuten Bindung am aktiven Zentrum des Enzyms bereit ist. In diesem Fall kann man auch von einem **Cosubstrat** sprechen.

   Ein bekanntes Beispiel für ein solches lösliches Coenzym ist das aus Tryptophan synthetisierte NAD:

Apoenzym (inaktiv)
+
Coenzym
(prosthetische Gruppe)

Holoenzym (aktiv)

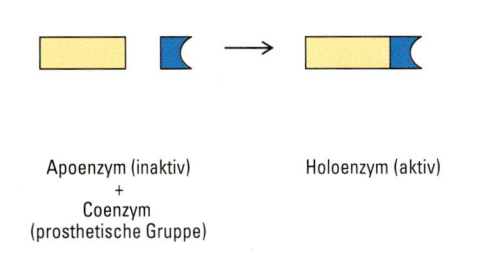

Abb. 85: Enzym-Coenzym-Komplex
medi-learn.de/6-bc2-85

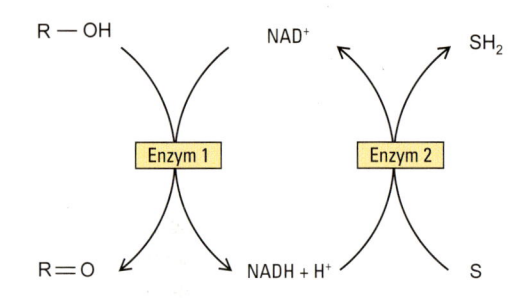

Abb. 86: Reaktion eines Coenzyms
medi-learn.de/6-bc2-86

5 Coenzyme

2. Die zweite Möglichkeit ist, dass das Coenzym fest (kovalent) an das Enzym gebunden und so wichtiger Bestandteil des aktiven Zentrums ist. Ein solches Coenzym wird auch **prosthetische Gruppe** genannt und trennt sich NIEMALS vom Enzym. Die prosthetische Gruppe wird daher auch am Enzym regeneriert.

Ein Beispiel für eine prosthetische Gruppe ist das FAD:

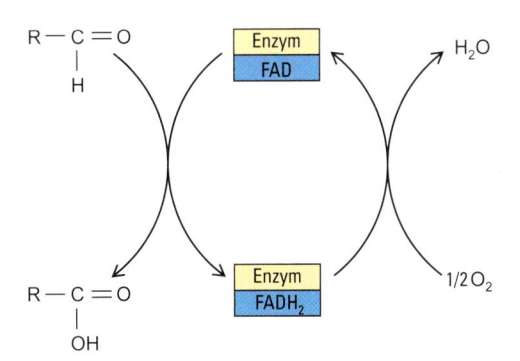

Abb. 87: Reaktion einer prosthetischen Gruppe

medi-learn.de/6-bc2-87

Eine Gemeinsamkeit mit echten Enzymen haben Coenzyme doch: Sie sind gruppenspezifisch, d. h., dass die von ihnen aufgenommene/abgegebene Gruppe immer die gleiche (z. B. H_2, CH_3 usw.) ist.

Coenzyme nehmen an einer Vielzahl von Reaktionen teil:
- an Wasserstoffübertragungen in Redoxreaktionen (z. B. NAD^+),
- an Decarboxylierungen (z. B. PALP),
- an Carboxylierungen (z. B. Biotin),
- an Transaminierungen (z. B. PALP),
- an C-1-Gruppenübertragungen (z. B. Folsäure),
- an Acylgruppenverschiebungen.

DAS BRINGT PUNKTE

Das Kapitel Enzyme bildet die Grundlage für das Verständnis aller enzymatischen Reaktionen. Die Fragen zu diesem Bereich beziehen sich meist auf die **Eigenschaften der Enzyme**. Deshalb solltest du dir Folgendes merken:
- Enzyme sind Biokatalysatoren, die die Geschwindigkeit chemischer Reaktionen erhöhen, ohne dabei selbst verändert zu werden und ohne die Gleichgewichtslage zu ändern.
- Die Geschwindigkeit einer enzymkatalysierten Reaktion wird durch die Bildung des Produkts aus dem Enzym-Substrat-Komplex (ES) limitiert.

Fragen zur **Enzymkinetik**, speziell zur **Michaelis-Menten-Konstante**, tauchten bislang in jedem Physikum auf. Hier daher noch einmal die wesentlichen Fakten auf einen Blick:
- Die Maximalgeschwindigkeit einer enzymatisch katalysierten Reaktion ist erreicht, wenn alle Enzyme ein Substrat am aktiven Zentrum gebunden haben.
- Wenn die Hälfte aller Enzyme ein Substrat gebunden hat, läuft die Reaktion mit halbmaximaler Geschwindigkeit ab.
- Die Substratkonzentration, an der eine enzymatisch katalysierte Reaktion mit halbmaximaler Geschwindigkeit abläuft, entspricht der Michaelis-Konstante und ist ein Maß für die Affinität des Enzyms zum Substrat.
- Die Michaelis-Konstante hat die Einheit mol/l.
- Die Michaelis-Menten-Gleichung lautet:

$$V = V_{max} \frac{[S]}{K_M + [S]}$$

Aus ihr ergibt sich die Abhängigkeit der Reaktionsgeschwindigkeit von der Substratkonzentration:
- Bei niedriger Substratkonzentration ist die Reaktionsgeschwindigkeit v der Substratkonzentration annähernd proportional.
- Eine Reaktion, bei der die Substratkonzentration dem K_M-Wert entspricht, läuft mit halbmaximaler Geschwindigkeit.
- Bei hohen Substratkonzentrationen ist die Reaktionsgeschwindigkeit gleich der Maximalgeschwindigkeit.

Zum Thema Enzymkinetik wird auch nach dem **Lineweaver-Burk-Diagramm** gefragt. Aus ihm kannst du V_{max} und K_M direkt ablesen:
- $1/V_{max}$ = Schnittpunkt mit der y-Achse,
- $-1/K_M$ = Schnittpunkt mit der x-Achse.

Vorsicht: Da im Lineweaver-Burk-Diagramm Kehrwerte aufgetragen werden, nimmt die Substratkonzentration auf der x-Achse im negativen Bereich von rechts nach links und die Reaktionsgeschwindigkeit von oben nach unten zu.

Über die unterschiedlichen Arten der **kurzfristigen Regulation von enzymatischer Aktivität** stolperst du im Physikum immer wieder, und das nicht nur beim Aminosäure-Stoffwechsel, sondern z. B. auch beim Kohlenhydrat- und Fettsäurestoffwechsel. Fragen dazu kommen sogar in der Physiologie vor. Daher also besser noch einmal genau hinsehen.
Im Wesentlichen gibt es vier Arten zur Beeinflussung der Enzymaktivität:
Kompetitive/isosterische Hemmung:
- Substrat und Inhibitor haben Strukturähnlichkeit und dementsprechend die gleiche Bindungsstelle.
- Die kompetitive/isosterische Hemmung ist meist reversibel.

DAS BRINGT PUNKTE

- Bei der kompetitiven Hemmung steigt K_M.
- In Anwesenheit eines kompetitiven Inhibitors kann V_{max} durch Steigerung der Substratkonzentration erreicht werden.

Nichtkompetitive Hemmung:
- Diese Art der Hemmung ist meist irreversibel.
- Bei der nichtkompetitiven Hemmung verschiebt sich die Maximalgeschwindigkeit V_{max} zu niedrigeren Werten, die Affinität K_M bleibt jedoch konstant.

Die meisten Fragen zur Beeinflussung der enzymatischen Aktivität beziehen sich auf die **allosterische Regulation:**
- Allosterische Liganden können ein Enzym entweder aktivieren oder inaktivieren.
- Die Beeinflussung von Enzymen durch allosterische Effektoren vom V-Typ bewirkt eine Veränderung der Maximalgeschwindigkeit der Enzymreaktion, ohne die Michaeliskonstante zu beeinflussen. Positive allosterische Effektoren erhöhen, negative allosterische Effektoren erniedrigen V_{max}.
- Allosterische Effektoren des K-Typs führen zu einer horizontalen Verschiebung der sigmoidalen Substratbindungskurve und verändern so K_M. Positive allosterische Effektoren führen zu einer Linksverschiebung (K_M wird kleiner), negative dagegen zu einer Rechtsverschiebung (K_M wird größer).
- Allosterisch regulierte Enzyme bestehen aus mindestens zwei Untereinheiten. Beeinflussen sich diese Untereinheiten, spricht man von Kooperativität.

Die **Arten der Regulation** und die dadurch bewirkten Veränderungen der Reaktionsgeschwindigkeiten sind zur besseren Übersicht in folgender Tabelle noch einmal zusammengefasst:

Möglichkeit der Enzymregulation	Veränderung K_M	Veränderung V_{max}
kompetitive Hemmung	↑	=
nichtkompetitive Hemmung	=	↓
allosterische Regulation – vom V-Typ	=	↑ oder ↓
– vom K-Typ	↑ oder ↓	=

Tab. 5: Regulationsarten

Auf die **Coenzyme** wird an dieser Stelle nur kurz eingegangen, da diese im Skript Biochemie 1 genauer besprochen werden. Du solltest dir aber auf alle Fälle merken, dass Coenzyme auf zwei unterschiedliche Arten mit dem Enzym in Kontakt treten können:
- Sie binden als lösliche Coenzyme/Cosubstrate an das aktive Zentrum des Enzyms, nehmen die übertragenen Gruppen auf (oder geben sie ab) und werden in einer zweiten, unabhängigen Reaktion regeneriert.
- Sie sind als prosthetische Gruppe fest an das Enzym gebunden und werden in einer zweiten Reaktion am Enzym regeneriert. Durch Entfernung der prosthetischen Gruppe vom Enzym wird dieses zerstört.

FÜRS MÜNDLICHE

Den Abschluss dieses Skripts bilden die Enzyme und Coenzyme. Überprüfe dein Wissen alleine oder mit deiner Lerngruppe anhand der folgenden Fragen unser mündlichen Prüfungsprotokolle:

1. Erklären Sie bitte, was Enzyme sind und wofür der Körper sie braucht.

2. Bitte erklären Sie, wie eine enzymatisch katalysierte Reaktion funktioniert.

3. Erläutern Sie bitte den Unterschied zwischen biologischen und chemischen Katalysatoren.

4. Erklären Sie bitte, was Isoenzyme sind. Welches Beispiel für ein Isoenzym kennen Sie?

5. Wie lauten die sechs Enzymklassen? Bitte geben Sie je ein Beispiel.

6. Bitte erklären Sie, was die Michaelis-Konstante ist und welche Einheit sie hat.

7. Erklären Sie bitte, wie sich die Enzymaktivität beeinflussen lässt.

8. Bitte erläutern Sie, wie sich K_M und V_{max} bei der kompetitiven Hemmung (1), nichtkompetitiven Hemmung (2) und allosterischen Regulation (3) verändern.

---

1. Erklären Sie bitte, was Enzyme sind und wofür der Körper sie braucht.
Enzyme sind Biokatalysatoren, die die Geschwindigkeit chemischer Reaktionen beschleunigen, ohne dabei selbst verändert zu werden und ohne die Gleichgewichtslage zu ändern.

2. Bitte erklären Sie, wie eine enzymatisch katalysierte Reaktion funktioniert.
Enzyme senken die zur Überführung eines Substrats in den reaktiven Zustand benötigte Aktivierungsenergie durch Bindung des Substrats an das aktive Zentrum. Dieser Enzym-Substrat-Komplex wird in einem geschwindigkeitsbestimmenden Prozess zum Enzym-Produkt-Komplex umgewandelt. Danach trennt sich das Produkt vom Enzym und das Enzym steht unverändert wieder zur Verfügung.

3. Erläutern Sie bitte den Unterschied zwischen biologischen und chemischen Katalysatoren.
Anders als chemische Katalysatoren sind biologische Katalysatoren spezifisch. Man unterscheidet:
- Gruppenspezifität,
- Substratspezifität,
- optische Spezifität,
- Wirkungsspezifität.

4. Erklären Sie bitte, was Isoenzyme sind. Welches Beispiel für ein Isoenzym kennen Sie?
Isoenzyme sind Enzyme, die unterschiedliche Primärstrukturen aufweisen, aber dennoch die gleiche Reaktion katalysieren. Isoenzyme unterscheiden sich in ihrer Maximalgeschwindigkeit und ihrem K_M-Wert. Ein Beispiel sind Hexokinase/Glucokinase.

5. Wie lauten die sechs Enzymklassen? Bitte geben Sie je ein Beispiel.
1. Oxidoreduktasen, Beispiel: Katalase
2. Transferasen, Beispiel: Ornithin-Carbamoylphosphat-Transferase
3. Hydrolasen, Beispiel: Peptidase
4. Lyasen, Beispiel: Argininosuccinat-Lyase
5. Isomerasen, Beispiel: Phosphoglucoisomerase
6. Ligasen, Beispiel: DNA-Ligase

FÜRS MÜNDLICHE

6. Bitte erklären Sie, was die Michaelis-Konstante ist und welche Einheit sie hat.
Die Michaelis-Konstante K_M entspricht der Substratkonzentration bei halbmaximaler Geschwindigkeit und hat die Einheit mol/l. Sie ist ein Maß für die Affinität eines Enzyms zum Substrat und unabhängig von der Enzymkonzentration. Je niedriger K_M, desto höher die Affinität des Enzyms.

7. Erklären Sie bitte, wie sich die Enzymaktivität beeinflussen lässt.
- kurzfristig:
  - kompetitive Hemmung,
  - nichtkompetitive Hemmung,
  - allosterische Regulation,
  - Interkonversion.
- langfristig:
  - Änderung der Biosynthese von Enzymen,
  - vermehrter Abbau nicht benötigter Enzyme.

8. Bitte erläutern Sie, wie sich K_M und V_{max} bei der kompetitiven Hemmung (1), nichtkompetitiven Hemmung (2) und allosterischen Regulation (3) verändern.
1. Bei der kompetitiven Hemmung verschiebt sich der K_M-Wert zu höheren Werten, bei genügend hoher Substratkonzentration kann V_{max} erreicht werden.
2. Bei der nichtkompetitiven Hemmung verschiebt sich die Maximalgeschwindigkeit v_{max} zu niedrigeren Werten und kann nicht durch Erhöhung der Substratkonzentration gesteigert werden. Der K_M-Wert bleibt konstant.
3. Die allosterische Regulation kann sowohl aktivierend als auch inhibierend erfolgen. Außerdem unterscheidet man bei der allosterischen Regulation zwischen v-Typ und K-Typ.
   - v-Typ: V_{max} wird bei konstantem K_M zu höheren oder tieferen Werten verschoben.
   - K-Typ: K_M wird bei konstanter V_{max} zu höheren oder tieferen Werten verschoben.

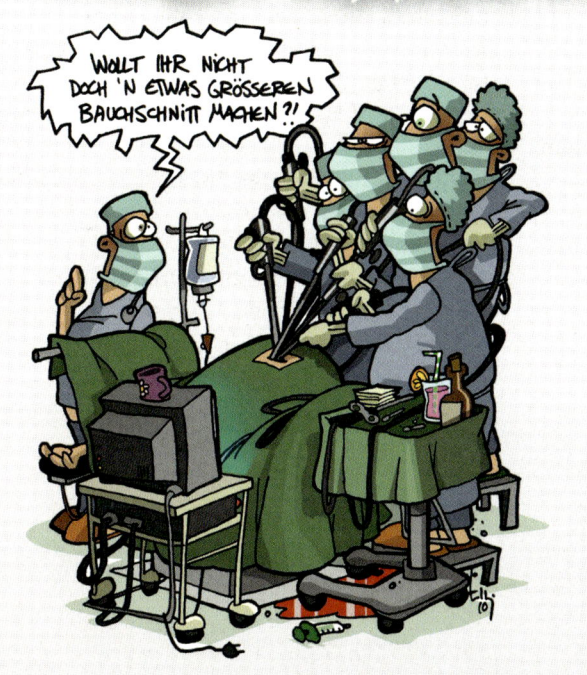

Pause

Geschafft! Hier noch ein kleiner Cartoon als Belohnung ...

Mehr Cartoons unter www.medi-learn.de/cartoons

Index

Symbole
α-Aminocarbonsäuren 1
α-Amylase 55
α-C-Atom 1
α-Helix 45
β-Faltblatt 45, 46
γ-Aminobuttersäure (= GABA) 32

A
Acetylsalicylsäure 66
ACTH 39
Adrenalin 28
Ahornsirup-Krankheit 33
aktives Zentrum 52
Alanin 2
Alaninzyklus 23
Albinismus 27
Alkaptonurie 28
allergischer Schock 31
allosterische Regulation 66
Aminosäure 5
– basische Eigenschaft der Aminosäuren 6
– saure Eigenschaft der Aminosäuren 6
Aminosäuresequenz 54
Amino- und Carboxylgruppe 3
Ammoniak 20
Arginase 25
Arginin 25
Argininosuccinat 25
Argininosuccinatlyase 25, 55
Argininosuccinat-Synthetase 25

B
biogene Amine 19
Biokatalysatoren 52

C
Carbamoylphosphat 24
Carbamoylphosphat-Synthetase I 24
Carbamoylphosphat-Synthetase II 25
Catecholamin-O-Methyl-Transferase 30
Citrullin 7
Coenzym 70
Cosubstrat 70

Curare 64

D
D-Aminosäuren 2
Decarboxylierung 19
Desaminierung 16
– eliminierende Desaminierung 18
Disulfidbindungen 44
Domänen 47, 48
Dopa 27
Dopachinon 27
Dopamin 28

E
Elektronegativität 40
Elektronenaffinität 40
Elektronenbewegungen 43
Entgiftung des Ammoniaks 20
Enzymklasse 55
Epimerasen 53
essenzielle Aminosäuren 10

F
FAD 71
Fließgleichgewicht 57
Fructose-2,6-Bisphosphat 69
Fumarat 25

G
GABA 31, 32
Gleichgewichtslage 57
Glucokinase 53
Glukagon 39
Glutamat 21, 31
Glutamat-Decarboxylase 32
Glutamat-Synthase 21
Glutamin-Synthetase 22
Glutathion 4, 38
Glycin 2
GOT 22
GPT 22

H
Halbmaximalgeschwindigkeit 59
Harnstoff 26
Harnstoffzyklus 24
Hexokinase 53

Homocystein 8
Homogentisinat-1,2-Dioxygenase 28
Hydrolasen 55
hydrophobe Bindungen 41

I
Imidazolgruppe 5
Iminosäure 10
Inhibitor 62
Insulin 39
Interkonversion 69
Ionenbindungen 44
isoelektrischer Punkt (= I.P.) 6
Isoenzyme 54
Isomerasen 55

K
Katalysatoren 52
Ketonkörper 20
Kinetik 55
kinetische Energie 44
Kollisionstheorie 51
kompetitive/isosterische Hemmung 62
Konformationen 45
Kooperativität 67
Kreatinkinase 54

L
L-Aminosäuren 2
Lineweaver-Burk-Diagramm 61
Lyasen 55
Lysin 32

M
Maximalgeschwindigkeit 58
Melanin 27, 28
Melatonin 30
Methylmalonyl-CoA-Racemase 53
Michaelis-Menten-Gleichung 61
Monoaminooxidase 30

N
N-Acetylglutamat 24
NAD 70
Niacin 31
nichtproteinogene Aminosäuren 7
Nicotinamid 31

Nicotinsäure 30, 31
Noradrenalin 28, 34

O
Ochronose 28
optische Spezifität 53
Ornithin 25
Ornithin-Carbamoyl-Transferase 25
Oxidoreduktasen 55
Oxytocin 39

P
PALP 16
Pellagra 31
Peptidbindung 37
Phenylalanin 26
Phenylalanin-Hydroxylase 27
Phenylbrenztraubensäure
(= Phenylpyruvat) 27
Phenylketonurie 27
Phenylpyruvat 27
Phospholipide 42
Phosphotransferase 53
Primärstruktur 45
Prolin 32, 46
prosthetische Gruppe 71
proteinogene Aminosäuren 3, 8
Pyridoxalphosphat (= PALP) 16

Q
Quartärstruktur 47

S
S-Adenosylmethionin 29
saure Aminosäuren 10
Schilddrüsenhormon Thyroxin 28
Schlüsselenzyme 57
Schwefelbrücke 4
Sekundärstruktur 45
Selenocystein 10
Serotonin 30
Spezifität 52
– Gruppenspezifität 53
– Substratspezifität 53
– Wirkungsspezifität 53
Spiegelbildasymmetrie 2
Stereospezifität 53

Index

Stickstoffmonoxid (= EDRF) 25
Substratsättigung 58

T
Teilchengeschwindigkeit 51
temporärer Dipol 44
Tertiärstruktur 47
Tetrahydrobiopterin 27
Thiolgruppe 3
Transaminierung 18
Transferasen 55
Tryptophan 30
Tyrosin 28
Tyrosinase 27
Tyrosinhydroxylase 27

V
Van-der-Waals-Kräfte 43
Vanillinmandelsäure 30
Vasopressin 39

W
Wasserstoffbrücken 45
Wasserstoffbrückenbindungen 40
Wasserstoffperoxid 38

Z
Zellmembran 42

Deine Meinung ist gefragt!
Es ist erstaunlich, was das menschliche Gehirn an Informationen erfassen kann. Slbest wnen kilene Fleher in eenim Txet entlheatn snid, so knnsat du die eigneltchie lofnrmotian deoncnh vershteen – so wie in dsieem Text heir.

Wir heabn die Srkitpe mecrfhah sehr sogrtfältg güpreft, aber vilcheliet hat auch uesnr Girehn – so wie deenis grdaee – unbeswust Fheler übresehne. Um in der Zuuknft noch bsseer zu wrdeen, bttein wir dich dhear um deine Mtiilhfe.

Sag uns, was dir aufgefallen ist, ob wir Stolpersteine übersehen haben oder ggf. Formulierungen verbessern sollten. Darüber hinaus freuen wir uns natürlich auch über positive Rückmeldungen aus der Leserschaft.

Deine Mithilfe ist für uns sehr wertvoll und wir möchten dein Engagement belohnen: Unter allen Rückmeldungen verlosen wir einmal im Semester Fachbücher im Wert von 250 Euro. Die Gewinner werden auf der Webseite von MEDI-LEARN unter www.medi-learn.de bekannt gegeben.

Schick deine Rückmeldung einfach per E-Mail an support@medi-learn.de oder trag sie im Internet in ein spezielles Formular für Rückmeldungen ein, das du unter der folgenden Adresse findest:

www.medi-learn.de/rueckmeldungen